LE CABINET

DU

DUC D'AUMONT

TIRAGE :

3oo exemplaires sur papier vergé de Rives.
 10   —   sur papier de Chine.
 4   —   sur parchemin.
 2   —   sur peau vélin.

3i6 exemplaires.

Exemplaire du dépôt

LE CABINET

DU

DUC D'AUMONT

ET LES AMATEURS DE SON TEMPS

CATALOGUE DE SA VENTE
AVEC LES PRIX, LES NOMS DES ACQUÉREURS
ET 32 PLANCHES D'APRÈS GOUTHIÈRE

ACCOMPAGNÉ DE NOTES, ET D'UNE NOTICE SUR

PIERRE GOUTHIERE

Sculpteur, ciseleur et doreur du Roi

ET SUR LES PRINCIPAUX CISELEURS DU TEMPS DE LOUIS XVI

PAR

LE BARON CH. DAVILLIER

DOCUMENTS INÉDITS

A PARIS

CHEZ AUG. AUBRY, ÉDITEUR

LIBRAIRE DE LA SOCIÉTÉ DES BIBLIOPHILES FRANÇOIS

18, rue Séguier, 18

M DCCC LXX

LE DUC D'AUMONT

1709-1782

« Louis-Marie-Augustin Duc d'Aumont, pair de France, premier gentilhomme ordinaire de la Chambre, lieutenant-général des armées du Roi, chevalier de ses ordres, gouverneur de Boulogne et du pays Boulonnois, gouverneur et grand bailli de la ville de Chauny, etc., était né le 29 août 1709, et mourut en son hôtel de la place Louis XV le 14 avril 1782. Son corps fut transporté dans l'église de Saint-Gervais pour y être inhumé. »

Ces quelques lignes résument ce que les journaux du temps nous apprennent sur cet amateur célèbre; il appartenait à une des plus anciennes maisons de France, et plusieurs de ses aïeux avaient rendu son nom illustre. Cependant ce *très-haut et très-puissant seigneur*, — comme on disait alors, — serait aujourd'hui complétement oublié, ou peu s'en faut, s'il n'avait été un des principaux *curieux* du siècle dernier. Du reste,

le goût de la curiosité n'était pas nouveau dans cette
famille : un de ses membres figurait déjà parmi les
« *Fameux curieux des ouvrages magnifiques* » dont
Nicolas de Blegny publia la liste en 1692, dans son
« *Livre commode* », sous le pseudonyme d'Abraham
du Pradel.

Le duc d'Aumont dut consacrer une bonne partie de
sa vie à réunir les objets de goût qui faisaient de son
hôtel de la place Louis XV une des plus splendides
demeures de Paris. Les cabinets célèbres, comme ceux
du comte de Fontenay, le « plus grand connoisseur en
porcelaines » de son temps, de Randon de Boisset, du
duc de Tallard, de la duchesse de Mazarin, et bien
d'autres encore, lui fournirent les plus beaux meubles de
Boule, les plus rares porcelaines de la Chine montées
sous Louis XV, les anciens laques du Japon, ceux de
Martin, et les bronzes ciselés par Ph. Caffiéri. Il fit
venir de Rome et de toute l'Italie les porphyres, les
granits, les jaspes, les marbres antiques les plus rares,
et la monture en fut confiée à Gouthière. Le grand
nombre des pièces ciselées par le célèbre artiste, —
plus de cinquante, — doit faire croire qu'il travailla
longtemps pour le duc d'Aumont[1]. Quant aux sommes
qu'il reçut du duc, elles durent être considérables, si
l'on s'en rapporte aux prix qu'il faisait payer aux amateurs du temps, notamment à Mme du Barry ; ainsi on

---

1. Gouthière, comme le montrera un document que nous reprodui-
sons plus loin, travailla au moins pendant dix ans pour le duc d'Aumont.

verra plus loin, dans les notes que nous joignons au
catalogue, que les ornements de deux tables de porphyre ne coutèrent pas moins de 9,5oo livres.

Sept mois après la mort du duc d'Aumont, la vente
de ses « effets précieux » était annoncée dans les différentes feuilles de Paris. Pendant les trois semaines que
dura l'exposition, les curieux et les oisifs se rendirent
en foule à la place Louis XV pour visiter le célèbre cabinet. « Depuis quelque temps, lisons-nous dans les
Mémoires secrets à la date du 6 décembre 1782, la
Cour et la ville vont voir à l'hôtel du feu duc d'Aumont les meubles précieux et effets rares qui doivent
s'y mettre en vente incessamment. C'est un spectacle
véritable par la foule des jolies femmes, des petits-
maîtres, des élégans qui y abondent. On juge, en par-
courant tant de curiosités accumulées sans ordre et
sans choix, que le possesseur avoit plus de magnificence
que de goût. Point de tableaux; des colonnes, des tables,
des lustres, des marbres, des porphyres, des granits,
des jaspes d'un prix fol, voilà en quoi consistoit le luxe
du duc d'Aumont, très-simple d'ailleurs et dénué des
connoissances exquises qu'auroit exigées son genre de
dépense. Des bronzes assez beaux sont ce qui peut
plaire le plus à l'artiste et satisfaire le vrai connoisseur dans cette profusion de richesses. »

Pour expliquer la rancune qui inspirait le ton aigre
de ce passage, et dictait un jugement si sévère sur le goût
du duc d'Aumont, il nous suffira de citer cet autre extrait
du même ouvrage : « Les gens de lettres se souviennent

encore de la cruelle vengeance qu'il exerça, il y a plus
de vingt-cinq ans, envers le sieur Marmontel, pour une
plaisanterie qui fut faite, à souper, chez Mlle Clairon
contre ce Seigneur. Il exigea la détention de l'auteur
et lui fit ôter *le Mercure*, dont le public étoit assez content entre ses mains [1]. »

Le duc d'Aumont possédait, il est vrai, peu de tableaux, de statues et d'autres œuvres d'art d'un ordre
élevé, mais il avait su réunir dans son hôtel, un des
plus beaux de Paris [2], un ameublement d'un choix
exquis, d'une richesse sans pareille, et où brillait ce
que le goût français, sans rival dans le monde, avait
produit, pendant le XVIIe et le XVIIIe siècle, de
plus élégant et de plus délicat.

Comme Mme de Verrue, Randon de Boisset, Mme de
Pompadour, Crozat, le baron de Besenval et beaucoup
d'autres curieux de son siècle, le duc d'Aumont avait
la noble passion des livres; sa bibliothèque, formée avec
autant de choix que de goût, contenait d'excellents ouvrages, «... la plupart tirés sur grand papier, grand
nombre reliés en maroquin par M. Padeloup, très-cé-

---

1. La plaisanterie en question était une parodie de la fameuse scène
d'Auguste avec Cinna et Maxime; cette satire, due à M. de Cury, intendant des Menus-Plaisirs, avait été lue par Marmontel, qui ne voulut
jamais en faire connaître l'auteur.

2. L'hôtel du duc d'Aumont était situé place Louis XV, du côté
opposé au Garde-Meuble. Il y avait encore à Paris deux hôtels du
même nom : l'un rue de Jouy, l'autre rue de Beaune, près du pont
royal.

lèbre relieur[1]. » Les volumes reliés aux armes du duc : « d'argent, au chevron de gueules, accompagné de sept merlettes de même, quatre en chef, deux, deux, trois en pointe mal ordonnées, » sont fort appréciés des bibliophiles, et quelques-uns ont obtenu, dans une vente récente, des prix assez élevés.

La vente du duc d'Aumont fut un événement : pendant près d'un mois, — les expositions duraient alors plus longtemps qu'aujourd'hui, — la Cour et la ville se donnèrent rendez-vous dans l'hôtel de la place Louis XV. Louis XVI et Marie-Antoinette devaient figurer au premier rang parmi les acheteurs[2]; venaient ensuite les grands personnages appartenant à la maison du Roi et à celle de la Reine : le comte d'Artois, la princesse de Lamballe, le duc de Richelieu, le duc et la duchesse de Villeroi, le duc de Villequier, fils du duc d'Aumont, le duc de Duras[3], le duc de Chabot; puis les hôtes intimes du petit Trianon : le comte de Vaudreuil et le baron de Besenval; enfin les possesseurs des plus beaux cabinets de Paris, tels que le duc de Chaulnes, le marquis de la Mure, Le Noir-Dubreuil, Harand de Presle,

---

1. Catalogue des livres de la bibliothèque de M. le duc d'Aumont, dont la vente se fera en son hôtel, place de Louis XV, le 7 janvier 1783 et jours suivants.

2. Le roi et la reine firent acheter cinquante-six articles, qui s'élevèrent ensemble à près de 220,000 livres, environ 700,000 francs d'aujourd'hui.

3. Nous avons vu un très-joli jeton de mariage, gravé par Lorthior, aux armes des d'Aumont et des Duras; dans un écusson surmonté d'une couronne de roses et accompagné d'Amours et de colombes, on lit les lettres MD entrelacées.

Baudard de Saint-James, et bien d'autres curieux moins connus.

N'oublions pas Le Brun, Paillet, Julliot et Donjeux, les doyens de la curiosité, chargés des commissions de la Cour et des principaux amateurs. Après eux se pressait la troupe nombreuse des marchands, puis ceux qui venaient pour se chauffer ou dormir, et les gens attirés aux grandes ventes par la simple curiosité, oisifs qui se plaisaient, comme dit Joullain, « à voir succéder en un instant, sur un même objet, la chaleur à l'indifférence, la lenteur des enchères sol à sol à la marche rapide des pistoles, des centaines de livres. »

Au nombre de ces derniers, une des plus curieuses figures était celle de Gabriel de Saint-Aubin, un artiste original, grand flâneur par nature et par habitude, dessinateur infatigable, qui se plaisait au milieu de la foule et fréquentait en philosophe les principaux endroits de réunion. Gabriel de Saint-Aubin était un fidèle habitué des ventes publiques ; il les suivait le crayon à la main, couvrant son catalogue de notes et de croquis pleins d'esprit, dessinant tantôt le profil d'un des assistants, tantôt l'objet qu'on allait adjuger. Parmi les quelques volumes ainsi illustrés qui nous ont été conservés, il n'en est pas de plus intéressant que le catalogue du cabinet du duc d'Aumont ; qu'on en juge par ces lignes, que Saint-Aubin écrivait sur le feuillet de garde [1] :

----

1. Nous devons à l'obligeance de M. le baron Jérôme Pichon la communication de ce curieux catalogue.

« Au soin que je prens à compléter mes catalogues, vous imaginés que je prens beaucoup d'intérêt à la variété des prix, au progrès des arts, au bénéfice ou au déchet des marchands : point du tout, les ventes sont pour moi une comédie, où chaque acteur joüe naïvement son rolle ; la vanité des uns, la cupidité des austres, la ruse de celuy cy, la méfiance de celui là ; je les conois à peu près tous, et vois les différens ressorts qui les font mouvoir ; tout cela m'amuse et fait passer le tems à bon marché ; je suis même pour quelque chose dans la pièce, ma figure un peu singulière prette à la caricature, et j'amuse quelque fois les gens qui m'amusent. »

Quelle vérité dans ce tableau ! ne croirait-on pas assister à une vente de l'hôtel Drouot ? Du reste, Gabriel de Saint-Aubin connaissait à fond l'histoire intime des objets qui passaient sous ses yeux : ainsi nous apprenons par lui que ce vase de serpentine monté en bronze par Gouthière (n° 11), et que le Roi vient de payer 5,000 livres, « c'est un cadeau de la duchesse de Mazarin[1], qui l'avoit payé 2,400 livres chez Boisset. » Une colonne de jaune antique (n° 18) vient encore d'être adjugée à 2,862 livres pour le Roi ; vite cette note en marge : « Le chapiteau avoit couté 4,000 livres au duc. »

Gouthière assiste aussi à la vente, car le célèbre cise-

---

1. La duchesse de Mazarin était fille du duc d'Aumont. On verra plus loin qu'elle commanda également divers travaux à Gouthière.

leur veut savoir à quel prix monteront ses ouvrages :
une lanterne de bronze doré, ciselée par un de ses con-
frères, a été payée 1,500 livres par le duc de Chabot
(n° 352) : « En sortant de la vente, écrit Saint-Aubin,
Gouthière m'assura qu'il feroit la pareille lanterne pour
500 livres. »

On verra plus loin ce que devinrent les objets qui
composaient le cabinet du duc d'Aumont. Nous avons
eu entre les mains, grâce à l'obligeance de quelques
amateurs, un certain nombre d'exemplaires de ce catalogue, aujourd'hui recherché, portant des annotations
du temps, et nous avons pu, en les collationnant avec
soin, ajouter à la suite de chaque objet le nom de l'acquéreur et le prix d'adjudication [1]. Nous avons déjà
dit que Louis XVI et Marie-Antoinette furent les principaux acheteurs à cette vente; leurs acquisitions allèrent augmenter les richesses des châteaux de Versailles, de Trianon ou d'autres résidences royales, et le
reste prit place dans les plus beaux cabinets de Paris;
mais la Révolution, qui éclata sept ans après, ne tarda
pas à disperser toutes ces merveilles.

C'est une lamentable histoire, — nous essayerons de
la faire un jour, — que celle des objets d'art à l'époque
de la Terreur. Combien de chefs-d'œuvre furent détruits
par le vandalisme; combien furent vendus pour un

---

1. Un exemplaire en mauvaise condition s'est vendu 147 francs à la
vente de M. le comte de l'Épine, en 1869. — Le catalogue du duc d'Aumont ne figure pas dans le *Trésor de la Curiosité*, de M. Ch. Blanc.

morceau de pain ! Le 10 août, lors du sac du château
des Tuileries, on jetait par les fenêtres le mobilier
royal, les pendules, les plus précieux objets d'art [1]. Le
somptueux mobilier du château de Versailles, mis en
vente publiquement, était adjugé à vil prix contre des
assignats et devenait la proie des revendeurs, des marchands de ferraille et des chaudronniers [2]. Il en était de
même des objets du Garde-Meuble, dont les « *meubles
et effets de toute nature*, » comme disait l'affiche, se
vendaient publiquement à côté de l'hôtel du *ci-devant*
duc d'Aumont.

Louis XVI n'était plus : dans les châteaux des princes
et des nobles, chez les condamnés à mort et chez les
émigrés, la Convention envoyait des commissions chargées d'inventorier les objets destinés à être vendus : un
jour c'était chez *le nommé Louis-Stanislas-Xavier
Capet, la femme Victoire Capet, la femme Adélaïde
Capet, la femme de Charles-Philippe, la femme Du
Barry*, ou bien chez *Crussol, ci-devant Duzès*, chez *Ro-
han-Rochefort*, etc. [3]. Bientôt avaient lieu des ventes sans

---

1. *Histoire de la Terreur*, par M. Mortimer-Ternaux ; Paris, 1864.

2. Notons en passant une particularité assez curieuse : parmi les
noms des acheteurs, il en est un certain nombre qu'on retrouve encore aujourd'hui dans le commerce des curiosités, tels que Berthon,
Chapsal, Cheylus, Gibert, Gleizes, Rivet, etc.

3. États et procès-verbaux manuscrits de prisées et inventaires d'effets,
meubles précieux, livres, tableaux, etc. (1793), en notre possession. —
On y lit des articles comme ceux-ci : « Un buste de Henry IV, *à dé-
truire*. — Une statue en pierre de Tonnerre, représentant sainte Thé-
rèse, *jugée à démolir*. — Cent cinquante-huit tableaux *de féodalité*
ne méritant ny description ny estimation, *presque la totalité étant des-
tinée à être brûlée*. »

nombre : un jour, c'était celle de la *femme Calonne*, de *Lenoir-Dubreuil*, du *ci-devant baron de Breteuil*, de la *citoyenne Richelieu*, émigrés ; ou bien celles après décès de la *citoyenne Clermont-Tonnerre*, de *Louis Noailles*, de la *condamnée Marbeuf* et du *condamné Buffon*.

Tapisseries, riches étoffes brodées d'or et d'argent, ameublements magnifiques, tableaux et bronzes, vases de porcelaine de Sèvres, de porphyre et de matières précieuses aux montures ciselées comme de l'orfévrerie, toutes ces dépouilles princières étaient exposées au coin de la borne, jusque dans les quartiers les plus infimes. Les magasins des revendeurs, des marchands de meubles, des ébénistes, étaient encombrés de toutes ces dépouilles, et les murs de Paris étaient tapissés d'affiches qui en annonçaient la vente, ainsi que celle « à prix fixe de meubles de Versailles et de Trianon; feux, armoires, porcelaines, ébénisterie de tout genre », ou celle de « Beaux meubles provenant de la Liste-Civile ». Parmi ces innombrables affiches, il n'en est pas de plus curieuse que celle du *citoyen J. H. Riesener*, qui n'était pas moins assidu à ces encans que le *citoyen Feuchère*[1]. Voici l'annonce qu'on lisait à la date du 11 pluviôse an II :

« Vente de beaux Ouvrages d'Ebénisterie de la Fa-

---

1. Feuchère faisait encore, sous l'Empire, des ventes d'objets provenant du château de Versailles.

brique de Riesener, ébéniste, à l'Arsenal, une grande partie *proven. des Cabinets interieurs de Versailles et de Trianon, Savoir : Secrétaires, Commodes, Armoires Toilettes, Tables et Bureaux de toutes les formes et de toutes les grandeurs..... autres de vieux laques du Japon et de la Chine, autres de pièces de rapport de marqueterie ombrée, formant des tableaux de fleurs, des trophées, mosaïques et arabesques..... Les ornements et ciselures sont des mieux finis et exécutés par les plus habiles Artistes de Paris, le tout en belle dorure, la plus grande partie en or mat... La vente se fera à l'amiable, à prix fixe......*

« *Le citoyen Riesener invite les amateurs de venir* (sic) *voir les Objets chez lui, à l'Arsenal, la 2ᵈᵉ cour en entrant par le quai des Célestins* ¹. »

Il ne resta malheureusement en France que bien peu de ces richesses. Un certain nombre d'objets, il est vrai, échappèrent à la vente, et sont conservés au Garde-Meuble ou dans les châteaux impériaux ; mais on peut

---

1. Disons ici quelques mots d'un autre ébéniste célèbre du temps de Louis XVI, dont les ouvrages sont très-recherchés par les amateurs : David Roëntgen, de Neuwied (Allemagne), qui prenait le titre d'*ébéniste méchanicien* de la Reine, et avait un dépôt de ses meubles à Paris, chez M. Bréban, miroitier, rue Saint-Martin. Il eut l'honneur, dit De la Blancherie dans son curieux journal, de présenter au Roi un secrétaire en marqueterie et bronze de son invention, et Sa Majesté voulut bien en faire l'acquisition au prix de 80,000 livres et le placer dans son cabinet.

Citons également Joubert, ébéniste ordinaire du Roi, butte Saint-Roch, qui exécuta en 1776 des meubles très-précieux pour la Dauphine et la comtesse de Provence. (*Almanach Dauphin.*)

dire que l'Europe entière hérita de la plus grande partie de ces épaves de la royauté et de la noblesse. Il se forma, pour le trafic des objets d'art et des meubles précieux, une *bande noire* comme celle qui exploitait les châteaux. La Russie, l'Angleterre, notamment, avaient des agents et des commissionnaires très-actifs, toujours aux aguets ; et c'est ainsi que la France perdit, dans ces temps de terribles secousses, ce que ses artistes et ses artisans avaient produit depuis plusieurs siècles de plus exquis et de plus élégant.

PIERRE GOUTHIÈRE

CISELEUR ET DOREUR DU ROI

Il est un artiste du siècle dernier qui s'est élevé dans l'art de la ciselure aussi haut qu'André-Charles Boule dans celui de la marqueterie, et dont le nom, familier à tous les amateurs de nos jours, était bien connu de ceux d'autrefois. De son vivant, comme nous le montrerons bientôt, on l'appelait déjà « *le célèbre Gouthière* [1] »; et cependant on n'a publié jusqu'ici que bien peu de chose sur cet artiste, dont les bronzes sont recherchés aujourd'hui au poids de l'or. Il y a même peu de temps qu'on connaît l'orthographe exacte de son nom, que nous voyons écrit, soit dans les catalogues

---

1. M. Pfnor, dans sa belle *Monographie du château de Fontainebleau*, mentionne divers ouvrages de *Gouthière-le-Beau*. « M. Champollion-Figeac, bibliothécaire du château, y a trouvé, nous écrit M. Pfnor, des mémoires portant cette signature. Pour M. Champollion, ajoute-t-il, le mot *le-Beau* faisait partie du nom de Gouthière. »

Nous n'avons pu trouver ces mémoires dans la bibliothèque du palais de Fontainebleau.

anciens, soit dans divers ouvrages modernes : Gouthier, Gouttier, Gouttières, Gouthières, et autrement encore. Quant à son prénom : — Pierre, — nous l'avons appris par un document qu'on lira plus loin. Bien que le résultat de nos recherches n'ait pas été aussi complet que nous l'eussions désiré, nous ajouterons ici, au peu qu'on savait déjà, ce que nous avons pu réunir sur le célèbre ciseleur.

Le plus ancien document que nous connaissions sur lui remonte à l'année 1766 : « Gouthière avait donné à mon bisaïeul Jacques Rondot, lisons-nous dans une note de M. Natalis Rondot[1], des dessins de plusieurs de ses ouvrages ou de ses compositions; j'en possède encore six. Deux sont de la main de Gouthière et sont signés par lui :

« Ils représentent des vases, dont l'anse est formée dans l'un par un Faune, dans l'autre par une Sirène. Deux autres dessins de vases portent le nom de Gouthière, écrit par une main étrangère; un autre dessin de vase est signé : *Le Barbier. Del.* 1766, avec cette mention : *exécuté par Gouthière.* »

« Si nous apprenions un matin, dit M. Paul Mantz,

---

1. *Chronique des Arts,* nᵘ 121.

que Gouthière est né en 1740, il ne faudrait pas trop nous en étonner [1]. » Cette date nous paraît également vraisemblable En effet, on verra bientôt que notre artiste, dès 1771, avait reçu de Mme du Barry, pour travaux exécutés par lui, la somme de 36,000 livres, — environ 100,000 francs d'aujourd'hui, — et que la même année il prenait le titre de *Ciseleur et Doreur du Roy ;* sa réputation devait donc être déjà considérable, et l'on ne peut guère supposer qu'il eût alors moins de trente ans.

A partir de 1766, date du vase exécuté d'après le dessin de Le Barbier, nous perdons pendant quelques années la trace de Gouthière ; c'est dans les comptes de Mme du Barry que nous le retrouvons, à la date de 1771, année où commencèrent les travaux du pavillon de Luciennes. Voici le relevé des sommes payées par la favorite en moins de trois ans [2] :

Février 1771 — à Gouthière, fondeur .	8,000	liv.
Avril 1771 — à Gouthière.	6,000	»
Juillet 1771 — à Gouthière, doreur. . .	6,000	»
Septembre 1771 — à Gouthière	5,000	»
Id. 1771 — à Gouthière, fondeur.	5,000	»
Novembre 1771 — à Gouthière, fondeur [3].	6,000	»
A reporter	36,000	»

1. *Gazette des Beaux-Arts,* t. **XIX.**

2. Bibliothèque impériale, Manuscrits ; Supplément français, 7,818.

3. Cette somme figure sous la rubrique : *Pour les anciens ouvrages de Luciennes.*

$$
\begin{array}{lr}
\textit{Report} \ . \ . \ . \ . & 36,000 \quad » \\
\text{Janvier 1772 — à Gouthière, fondeur. .} & 10,000 \quad » \\
\text{Mai 1772 — à Gouthière, fondeur. . .} & 3,000 \quad » \\
\text{Id. 1772 — à Gouthière, fondeur . . .} & 4,000 \quad » \\
\text{Septembre 1772 — à Gouthière, fondeur.} & 5,000 \quad » \\
\text{Mars 1773 — à Gouthière. . . . . . .} & 20,000 \quad » \\
\text{Juillet 1773 — à Gouthière, doreur. . .} & 6,000 \quad » \\
\text{Août 1773 — à Gouthière. . . . . . .} & 20,000 \quad » \\
\text{Id. 1773 — à Gouthière. . . . . . .} & 20,000 \quad »
\end{array}
$$

124,000 liv.

Gouthière avait donc reçu, au mois d'août 1773, la somme énorme de 124,000 livres, soit pour les travaux de l'hôtel de Mme du Barry à Versailles, soit pour ceux du pavillon de Luciennes, *où elle dépensait*, dit un pamphlet du temps, *plus que les maîtresses de dix Rois réunies*[1], outre les nombreux cadeaux qu'elle recevait de divers côtés[2]. Il n'est donc pas étonnant que

---

1. « État des sommes payées pour le compte de Mme la comtesse du Barry, par M. Beaujon, banquier de la Cour, pendant qu'elle était en faveur à la cour de France. » Dans cet état, les orfévres, joailliers et bijoutiers, figurent pour 2,280,763 liv. 13 s.; les meubles, tableaux et vases, pour 115,918 liv. 17 s.; les peintres, sculpteurs, doreurs, fondeurs, etc., pour 370,108 liv. 9 s. 4 d.; dans le mémoire de Cagny, doreur sur bois, s'élevant à 90,955 liv., la dorure d'un seul lit est portée à 5,945 liv. — Le total de ces bordereaux, certifiés le 14 juillet 1774 par M. de Montvallier, intendant de la comtesse, s'élève à 6,427,803 liv. o s. 11 d. (Extrait des papiers déposés aux archives de la préfecture de Seine-et-Oise.)

Le relevé des sommes que Mme du Barry coûta à la France pendant sa faveur s'élève, y compris les immeubles, à près de 12 millions et demi, — trois fois moins que Mme de Pompadour n'avait dépensé.

2. Les diamants de la comtesse du Barry, estimés 1,500,000 livres, et dont le vol fit tant de bruit en 1791, étaient renfermés dans une

nous trouvions encore le nom de Gouthière dans ce passage d'un mémoire de l'architecte Le Doux, que nous copions textuellement :

« Pavillon de Louveciennes, dont j'ay fait les dessins, conduit les ouvriers, réglé les Mémoires et fait les voyages.

« Pour les bronzes de M. Goutier, dont j'ay fait les dessins en grand, conduits les models (*sic*) et l'Ex^on. Les mémoires réglés par M. Roitier (Roettiers).

La salle à manger	1,794 liv.
Le vestibule.	698 »
Le salon quarré	19,706 »
Le salon ovale.	31,272 »
Le salon en cul de four	6,660 »
Antichambre et garderobe.	1,109 »
Les pieds d'estaux, un chapiteau, le tout non-réglé, estimé à.	20,000 »
TOTAL . .	81,239 liv.

Les mémoires du temps s'accordent à nous montrer ce charmant pavillon de Luciennes comme un véritable bijou ; les privilégiés admis à visiter ce *sanctuaire de volupté* en revenaient émerveillés : « C'est moins dans

---

commode ornée de porcelaines de Sèvres, qui avait appartenu à Louis XV et qu'elle tenait de la munificence royale. Ce beau meuble, objet unique en son genre, valait 80,000 livres, au dire des connaisseurs. (A. Jal, *Dictionnaire critique*, 1867.)

les chefs-d'œuvre du grand genre que l'Art semble s'être
surpassé, que dans les ornements de détail les plus mi-
nutieux, tels que les chambranles de cheminée, les
feux, les bras, les chandeliers, les corniches, les morceaux de dorure et d'orfévrerie, les serrures, les espa-
gnolettes, etc. [1]. Pas une de ces productions qui ne soit
achevée, finie, qui ne soit à montrer comme un modèle
de ce que l'industrie peut enfanter de plus beau et de
plus exquis. »

« On ne pouvait rien voir, lisons-nous ailleurs, de
plus précieux, de plus fini, que ces bronzes que Gouthière avait, pour ainsi dire, pétris. Le grand salon
était orné d'une corniche à console, véritable chef-
d'œuvre; une autre pièce, le salon ovale, était revêtue
de glaces qui répétaient une superbe cheminée de lapis
en forme de trépied, d'une richesse prodigieuse de
bronze. Depuis ces ouvrages, on n'a pas porté l'art de
façonner le bronze à un plus haut degré de perfection [2]. »

---

1. Nous avons sous les yeux divers documents manuscrits qui
montrent que Gouthière ne travailla pas seul aux bronzes et aux dorures
de Luciennes. Citons seulement le mémoire de Gobert, *doreur, argen-
teur et ciseleur sur tous métaux*, rue de Gesvres, au *Marc d'Or*, réglé à
2,078 liv. 15 s. 5 d.; et celui de Brochois, *serrurier du Roi*, montant
à 9,280 liv. 14 s. 5 d.

Dans ce dernier mémoire figurent des boutons de porte en bronze
dont chacun coûte 18 liv. pour la ciselure seulement. Nous avons vu
chez M. Miallet, marchand de curiosités, plusieurs de ces boutons,
portant le chiffre DB, comme la plupart des objets qui appartenaient à
Mme Du Barry. Ces boutons font partie de la collection de M. le comte
de la Béraudière.

2. Villiers, *Manuel du voyageur aux environs de Paris*, an X. « Les

Depuis le mois de mai de l'année 1774, la favorite avait perdu son *royal Amant*, comme on disait alors. Cependant, après un court exil à l'abbaye du Pont-aux-Dames, elle continua, bien qu'elle eût déjà plus d'un million de dettes, à dépenser follement et sans compter, comme au temps de sa faveur[1]. Mᵐᵉ Du Barry voulut embellir encore Luciennes, dont elle avait fait sa résidence habituelle, et l'on verra plus loin que notre artiste exécuta pour elle de nouveaux travaux d'une grande importance.

Nous avons dit que l'architecte Le Doux donna à Gouthière les dessins des bronzes de Luciennes. Notre ciseleur, qui était aussi sculpteur, dut également travailler d'après ses propres compositions; les deux dessins portant sa signature, et dont nous avons parlé plus haut, permettent, du moins, de le supposer. Suivant un mémoire manuscrit de Dugourc, que M. le baron Jérôme Pichon a eu l'obligeance de nous communiquer, c'est d'après les dessins de cet artiste, peu connu aujourd'hui, qu'auraient été exécutés la plupart des bronzes commandés à Gouthière par Mᵐᵉ Du

---

étrangers, ajoute l'auteur, ont acheté de ce pavillon tout ce qui pouvait se déplacer; on a gratté les bas-reliefs, brisé les corniches, dégradé les entablements; la main de l'anarchie est empreinte sur les peintures, les dorures, les bronzes, les marbres... »

1. Le 20 février 1775, le sieur Nicolas Tripperet, marchand brodeur, lui fait commandement par huissier « de payer la somme de 10,050 liv., en quoy elle a été condamnée... Lad. Dᵉ comtesse Du Bary a été de payer refusante, pour lequel refus je luy ai déclaré qu'elle y seroit incessamment contrainte... » *Comptes manuscrits de Mᵐᵉ Du Barry*, Bibliothèque impériale.

Barry, la duchesse de Mazarin, le duc d'Aumont et
d'autres amateurs [1] :

« Le sieur Dugourc, dit ce mémoire, réunit aux talents d'architecte la facilité de dessiner avec agrément
tous les genres, et la plus grande habitude de diriger et
faire exécuter tous les détails qui concourent à l'embel-
lissement d'un Palais. Il doit cette habitude peu commune et cette multitude de connoissances aux cir-
constances suivantes :

« Tous les bronzes précieux exécutés pendant dix /

---

1. Jean-Denis Dugourc, dont nous n'avons trouvé le nom cité nulle
part, se donne, dans le mémoire en question, comme « architecte,
peintre-décorateur, dessinateur, graveur et antiquaire »; il prend aussi
la qualité d' « architecte et dessinateur du cabinet de Monsieur, frère
du Roi, et a fait, dit-il, pour S. M. Catholique, les dessins de quelques-
unes des pièces du Pardo et de l'Escurial, ainsi que les projets d'un
châlet pour Aranjuez. » Il a de plus « conduit l'ameublement du duc
des Deux-Ponts, de S. M. l'Impératrice de Russie, et l'exécution des
meubles de la Couronne, de Bagatelle, du Sr de Saint-James, de la
D^{lle} Dervieux (de l'Opéra), etc. »
Il existe un certain nombre d'estampes gravées d'après cet artiste,
dont nous voyons le nom écrit *Dugour, Dugoure, Dugours* et *Dugourg*.
Parmi les graveurs qui ont travaillé d'après lui, nous citerons Ingouf
junior et Ph. Trière; ce dernier a gravé une assez jolie planche en hauteur, *le Lever de la Mariée*, dans laquelle on remarque une certaine
recherche des détails d'ameublement. Nous avons vu aussi quelques
planches sous ce titre : Arabesques inventés et gravés par I. D. Dugourc, 1782. Le musée du Louvre possède un joli dessin de lui.
C'est sans doute cet artiste qui fonda pendant la Révolution la « *Fabrique républicaine* de papiers peints de Dugourc, place du Carrousel,
ci-devant hôtel de Longueville. »
Dugourc vivait encore sous la Restauration, puisque nous voyons,
sur une gravure représentant *Atala délivrant Chactas :* « d'après Dugourc, dessinateur des Menus-Plaisirs du Roi. »

ans par le *célèbre Gouthière* pour le duc d'Aumont, la duchesse de Mazarin, Mme du Barry, M. de Bondy, etc., ont été dirigés par lui, ainsi que ceux exécutés pour la Reine par différents artistes, et quelques pendules faites pour Sa Majesté Catholique, entre autres celle en lustre de l'année 1788. »

Le nombre des objets exécutés par Gouthière pour le duc d'Aumont ne s'élève pas à moins de cinquante et un, et la plupart sont d'une grande importance. On peut donc croire, comme l'affirme Dugourc, que ces travaux occupèrent le ciseleur au moins dix années de sa vie, sans préjudice de ceux qu'il exécuta pour d'autres personnes. La duchesse de Mazarin possédait un certain nombre d'objets qu'elle avait commandés à Gouthière, tels que : garnitures de cheminée, feux, bras, piédestaux, etc. [1]. Une très-belle pendule de bronze doré au mat, appartenant à M. le marquis d'Hertford, porte l'inscription suivante, qui nous donne sur Gouthière des renseignements intéressants : *Boizot fils sculpsit et exécuté par Gouthière cizeleur et doreur du roy. A Paris. Quay Pelletier ; à la Boucle d'or, 1771.* Le sens de cette enseigne, qui n'est pas très-clair au premier abord, s'explique facilement par l'article XV des statuts de la communauté des Fondeurs, Mouleurs, Ciseleurs, etc. : « Item, pourront fondre, achever et réparer toutes sortes *de boucles,* crochets et autres Ouvrages de cuivre et laiton..... » etc.

---

1. *Catalogue de la duchesse de Mazarin,* 1781.

Il existe encore un certain nombre de meubles dont on peut, malgré l'absence de signature, attribuer la ciselure à Gouthière : par exemple un splendide cabinet d'acajou massif que nous avons vu exposé à Londres en 1862, et la belle armoire à bijoux de la reine Marie-Antoinette que l'on admire au Musée des Souverains [1]. On vient de voir que notre artiste prenait, dès 1771, le titre de *Ciseleur et doreur du roy ;* on se rappelle que ses premiers mémoires pour Mme Du Barry sont datés de la même année : les commandes de la favorite durent être suivies de celles du roi, et l'on peut supposer que c'est à cette occasion qu'il prit le titre en question.

L'inscription citée plus haut nous apprend également que Gouthière avait une boutique sur le quai Pelletier, à l'enseigne de la *Boucle d'or.* Cette adresse nous a été confirmée par une inscription du même genre, ainsi conçue : *Gouthière, Doreur, quai Pelletier,* et qui a été relevée par M. Beurdeley. Cette signature se trouve sur la base d'une colonne cannelée supportant un vase à couvercle orné de guirlandes; le tout en bronze doré au mat, les brunis au ton vermeil. Cet objet est assez médiocre, aussi bien sous le rapport de la ciselure que sous celui de la dorure, et si nous le rapprochons d'une petite pendule de bronze doré signée *Gouthière,* mais peu digne de sa réputation, nous pouvons en conclure

---

1. Nous avons fait graver, d'après un bronze d'une jolie table appartenant à la riche collection de M. L. Double, une tête de page qu'on trouvera au commencement du catalogue. La beauté de la ciselure permet de l'attribuer à Gouthière.

que, s'il était artiste, il était aussi marchand, et que parfois il devait faire exécuter dans ses ateliers des objets de second ordre pour ceux qui voulaient dépenser peu [1].

Ce qu'on vient de lire est confirmé, du reste, par une lettre de M. Natalis Rondot, qui nous apprend en outre que Gouthière ne devait pas être seul à la tête de sa maison : son grand-père, Louis-Joseph Rondot, dessinateur, graveur, ciseleur, orfévre à Troyes, où il était né en 1756, avait déjà, en 1781, un certain renom comme dessinateur, et c'est en cette année qu'il entra dans l'atelier de Gouthière. « Noël de Wailly, le grammairien, qui était son cousin, écrivait, le 5 janvier 1782, à Jacques Rondot, graveur de la Monnaie et orfévre à « Troyes : « Il (votre fils) est bien placé depuis quel- « ques mois, il est content de sa place, et je sais que « les marchands chez lesquels il demeure sont aussi « contents de lui. »

On retrouve le nom de notre ciseleur dans le « Catalogue des tableaux, dessins et estampes exposés au salon de l'École royale et gratuite de Troyes, pour la distribution des prix pour l'année 1784 : on y lit, sous le n° 15 : « Un autel en relief, chargé d'un vase, par Gouthière, doreur, siseleur du Roi; » et aux n°ˢ 16 et

---

1. Nous avons vu des bronzes d'une exécution médiocre portant le nom *Gouthières* frappé au poinçon; suivant une tradition dont nous ignorons l'origine, ils seraient d'un parent du célèbre ciseleur, établi à Dijon. (Renseignement communiqué par M. Beurdeley.)

17 : « Deux vases, par le même. — Ces trois dessins, du cabinet du sieur Rondot, père. »

Chose curieuse, nous n'avons trouvé le nom de Gouthière dans aucun des Almanachs, Guides, Tablettes royales et autres livres d'adresses de la seconde moitié du siècle dernier. C'est vainement aussi que nous l'avons cherché dans l'*Almanach historique des architectes*, *peintres*, etc., qui contient des renseignements sur les artistes et artisans du temps de Louis XVI. Il est vrai que l'auteur de cet ouvrage ne mentionne guère que ceux qui étaient membres de l'Académie de Saint-Luc; or il est probable que Gouthière n'en faisait pas partie. On doit d'autant plus s'étonner d'un pareil silence à l'égard d'un homme déjà célèbre, que ces ouvrages et quelques autres du même temps contiennent les noms des principaux ciseleurs contemporains[1], dont l'art était poussé à un tel point qu'on pouvait dire d'eux, comme disait un historien de Paris en parlant des orfévres du temps : « La Ciselure en Or et en Argent n'a-t-elle pas été portée à la plus grande perfection dont la main de l'homme soit capable[2]? »

« Quel goût, quelle correction, ajoute le même auteur, dans tous les ouvrages d'orfévrerie que nous te-

---

1. Les ciseleurs étaient réunis en communauté avec les fondeurs, mouleurs en terre, bossetiers, etc. Des statuts leur avaient été accordés par Henri III en 1572, et par Louis XIV en 1691. Sous Louis XVI, le corps de communauté des ciseleurs tenait son bureau dans la rue d'Enfer-Saint-Landry.

2. Béguillet, *Histoire de Paris*.

nons de MM. *Germain et Auguste.* » Le nom de Germain est bien connu. Auguste, ciseleur en bijoux, rue de la Monnoie, fit pour la marquise de Pompadour une salière et une poivrière en or qui lui furent payées 16,000 liv., suivant une ancienne note manuscrite que nous lisons dans un catalogue de la vente Randon de Boisset. Nous voyons en outre dans le catalogue Blondel de Gagny « une paire de bras à trois branches de bronze doré, très-bien exécutée, de la composition de M. Auguste... 510 liv. »

Il ne sera pas hors de propos de dire ici quelques mots des ciseleurs les plus connus du temps de Louis XVI dont les ouvrages, si recherchés aujourd'hui, sont souvent confondus avec ceux de Gouthière. Commençons par *Martincourt,* qui fut le maître de notre ciseleur, si nous en croyons une tradition assez répandue. Martincourt, qui faisait partie de l'Académie de Saint-Luc, modelait pour les ciseleurs et était lui-même sculpteur, ciseleur et fondeur-racheveur; il demeurait au cimetière Saint-Jean[1]. Nous avons vu à l'exposition de Trianon, en 1867, une belle paire de flambeaux portant sa signature[2], et faisant partie du riche cabinet de

---

1. *Almanach général des Marchands,* 1772. — *Almanach Dauphin,* 1777.

2. M. de Lescure, *le Palais de Trianon :* « Flambeaux en bronze doré, ciselés par Martincourt, le maître de Gouthière, et réunissant aux attributs de l'Hymen les aigles à deux têtes de la maison d'Autriche. Ont appartenu à Marie-Antoinette, à laquelle ils furent offerts à l'occasion de son mariage. (Collection de M. L. Double.) »

d

M. L. Double, qui a bien voulu nous permettre de les faire graver pour cet ouvrage [1].

Philippe Caffieri était célèbre sous Louis XV, et mourut la même année que ce prince. Nous plaçons cependant son nom ici, car une partie de ses travaux appartient au style qu'il est convenu d'appeler de Louis XVI, bien que ce style date de quinze ans, au moins, avant l'avénement de ce roi. Nous avons vu des objets très-remarquables portant la signature de Ph. Caffieri. Nous croyons que c'est à tort qu'on lui attribue certains bronzes, souvent médiocres, qu'on rencontre assez fréquemment et qui portent pour poinçon un C couronné [2].

Duplessis et *Prieur* étaient aussi en grande réputation : le premier, qui prenait le titre de « Sculpteur, Fondeur, Ciseleur et Doreur du Roi, demeurait rue du Four-Saint-Germain, à la Grande-Fontaine. Outre le bronze, il ciselait aussi l'argent : Thiéry parle d'une superbe croix, ouvrage d'orfévrerie exécuté pour l'Abbaye de Saint-Germain-des-Prés par M. Duplessis, *Artiste célèbre*. Il cisela encore de très-beaux vases d'argent, et c'est lui qui fit pour la manufacture de Sèvres le modèle du vase connu sous son nom. On voyait dans les cabinets du siècle dernier des vases de porphyre, d'agate, de Sèvres, etc., ornés de très-riches montures en bronze doré, ciselées par Duplessis. On citait no-

---

1. V. l'avant-dernière planche.
2. V. p. 162 la notice sur Ph. Caffieri.

tamment, parmi ses meilleurs ouvrages, quatre candélabres de bronze doré qui ornaient les angles du salon de M. de la Reynière, fermier-général. « Ces candélabres, dont le travail est très-soigné, ont été exécutés, lisons-nous dans un ouvrage du temps, par M. Duplessis, fameux Ciseleur de Paris, bon dessinateur qui travaille d'après ses dessins [1]. »

Louis Prieur, qui demeurait faubourg Saint-Denis et enclos du Temple, à l'enseigne des Armes d'Angleterre, modelait pour les ciseleurs, et était de plus « Sculpteur-Ornemaniste et Ciseleur très-distingué, fort habile dans l'ornement; » il avait le brevet de « Sculpteur, Cizeleur et Doreur du Roi », et on citait, comme un de ses ouvrages les plus remarquables, la ciselure de la voiture du sacre de Louis XVI[2].

Outre les artistes que nous venons de citer, il y avait encore à Paris quelques « fondeurs et ciseleurs sur métaux pour les cartels de pendules, bras de cheminée, feux, garnitures de porcelaines, ouvrages d'Église, etc., » tels que « *Forty*, dessinateur et ciseleur, auteur de quelques jolies planches d'ornement ; — *Le Fèvre*, rue de la Ferronnerie; — *L'Éveillé*, très-habile artiste, rue de Sève, maison de M. Cauvet, sculpteur ; —

---

1. *Almanach historique et raisonné des architectes, peintres, sculpteurs, graveurs et ciseleurs*, 1776 et 1777. — Thiéry, *Guide des Amateurs*, etc., 1786. — De la Blancherie, *Nouvelles de la République des lettres et des arts*, 1780. — *Catalogue Blondel de Gagny*, n° 407.

2. *Almanach historique*, etc., 1776.

Thiéboust, Cizeleur de S. A. S. Mgr. le duc de Pen-
thièvre, place du vieux Louvre; — *Philippe,* rue du
Sépulcre [1]. »

Pour compléter cette liste, nommons encore *Ga-
lien,* sculpteur, fondeur et ciseleur, connu dès 1750, et
auteur d'une très-belle pendule décrite dans les mémoires de M. de Luynes; *Aze,* rue et hôtel de la Vieille-
Monnoie, et *Godille,* rue Guénégaud, tous deux « re-
nommés pour les garnitures de porcelaines et autres
vases précieux [2]; » — *Vassou,* « ciseleur en bronze dont
les talents sont connus [3]; » — *Rabut,* ciseleur et doreur,
rue Neuve-des-Petits-Champs, « auteur de girandoles
très-élégantes [4]; » — et enfin deux ciseleurs dont le
nom est bien connu de la plupart des marchands de
curiosités : *Saint-Germain* et *Osmond;* nous avons vu
plusieurs fois leur signature sur des objets remarquables.
Saint Germain demeurait rue Saint-Nicolas, au faubourg Saint-Antoine, et *Osmond,* rue Mâcon, et tous
deux étaient Fondeurs-Racheveurs [5].

Après cette rapide énumération des principaux ciseleurs de l'époque de Louis XVI, revenons à Gouthière,
dont nous perdons la trace depuis l'année 1784. La Révolution, qui frappa également l'art et les industries de

---

1. *Almanach historique,* etc., 1776.

2 *Almanach Dauphin,* 1777.

3. *Catalogue de la vente Blondel de Gagny.*

4. De la Blancherie, *Nouvelles,* etc., 1779.

5. *Almanach général des Marchands,* 1772.

luxe, dut lui porter un coup terrible; cependant nous le retrouvons en 1789 travaillant encore pour Mme Du Barry, « depuis le 7 janvier jusques et y compris le 10 juin suivant. » Les événements des années suivantes ne modifièrent en rien les goûts de l'ancienne favorite pour la dépense, car elle continua, comme nous le montrerons plus loin, à occuper le célèbre ciseleur pendant les années 1790, 1791, 1792 et 1793.

Un document intéressant, daté du 17 frimaire an III, nous apprend que Gouthière, qui prend la qualité de *Sculpteur et Ciseleur*, avait quitté le quai Pelletier et habitait alors la rue du Faubourg-Saint-Martin. Le citoyen J. F. Laitié, sculpteur et ciseleur, ayant à faire estimer un de ses travaux, en chargea, par l'acte suivant, l'architecte Antoine et le sculpteur Gouthière.

« Je soussigné, J. F. Laitié, ciseleur, rue de Picpus, faubourg Saint-Antoine, n° 35, donne pouvoir au citoyen Antoine de faire, conjointement avec le citoyen Gouthière, sculpteur, l'estimation d'un tabernacle que j'ai exécuté pour les ci-devant Chartreux du Val Dieu. »

Le rapport des deux experts commence ainsi :

« L'an III de la République française, une et indivisible, nous, Pierre Gouthière, sculpteur et ciseleur, demeurant rue du Faubourg-Saint-Martin, section de Bondy, en vertu de la commission à nous donnée... pour examiner un tabernacle en bronze et marbre par le citoyen Laitié;

« Et Antoine Antoine, architecte-expert, demeurant rue Benoist, section de l'Unité, chargé du pouvoir du citoyen Laitié, sculpteur et ciseleur..... etc [1]. »

Antoine se rend chez Gouthière, et il résulte du résultat de leurs estimations particulières que le tabernacle est évalué 15,730 livres, sans être doré.

On sait que Mme Du Barry, condamnée par un arrêt aussi injuste qu'inutile, fut exécutée le 8 décembre 1793 [2]. Peu de temps après sa mort, la Commission des Arts du département de Seine-et-Oise se transporta à Luciennes, et fit l'inventaire de tous ses objets mobiliers, saisis par le Domaine, comme le furent alors tous les biens de condamnés à mort et d'émigrés [3]. Gouthière, qui depuis longtemps n'avait rien reçu de la

---

1. C'est encore à l'obligeance de M. le baron Jérôme Pichon que nous devons la communication de cette pièce.

2. La pauvre comtesse, qui ne faisait que du bien autour d'elle, ne croyait pas mourir si tôt : nous avons sous les yeux des mémoires qui montrent que peu de mois avant son exécution elle commandait encore différents travaux.

3. Cinquante-cinq objets, réservés avant la vente, se trouvent aujourd'hui, pour la plupart, dans les musées ou dans les palais impériaux. Nous remarquons notamment, parmi ces objets, plusieurs marbres de Falconnet et de Pajou ; quelques tableaux, parmi lesquels *la Cruche cassée*, de Greuze ; une commode ornée de porcelaines de Sèvres, à sujets et figures très-jolis, peut-être celle qu'on disait avoir coûté 80,000 liv. à Louis XV, — et une table du même genre, dont les peintures étaient d'après Vanloo ; cinq vases de porphyre ; quatre vases de porcelaine de Sèvres ; plusieurs paires de feux, chandeliers, candélabres, etc., dorés d'or moulu, probablement par Gouthière. — (Archives de Seine-et-Oise.)
Les autres objets furent volés ou vendus.

comtesse, réclama au Domaine, le 1er fructitor an III (18 août 1795). le payement de ses mémoires, qui montaient à 756,000 livres, somme considérable, même si l'on a égard à la dépréciation du papier-monnaie [1]. Le ciseleur, qui prenait la qualité d'*inventeur de la dorure au mat* [2], expliquait dans sa réclamation qu'il « avait contribué de ses travaux aux magnificences de Luciennes; la ciselure des bronzes d'un seul piédestal et de quelques accessoires était évaluée 50,000 fr., com-

---

1. Ces faits et ceux qui suivent sont extraits des pièces du procès que le fils de Gouthière intenta, en 1836, en payement des mémoires de son père, aux héritiers de Mme Du Barry, admis à prendre part au milliard d'indemnité accordé aux émigrés en vertu de la loi du 27 avril 1825. Gouthière fils ayant formé opposition, un jugement du tribunal de première instance de Paris déclara cette opposition valable pour la somme de 80,000 fr. Après appel des héritiers, la Cour rendit, le 27 février 1836, un nouveau jugement dont nous donnons ici les principaux considérants, d'après la *Gazette des Tribunaux* : ... En ce qui touche les fournitures faites depuis le 7 janvier 1789 jusques et y compris le 10 juin suivant..., les travaux et fournitures de 1790, 1791, 1792 et 1793... Considérant que la prescription trentenaire a été interrompue par les productions faites administrativement le 1er fructidor an III et en 1806...; qu'il est suffisamment établi que les travaux et fournitures ont eu lieu...; que les engagements de la comtesse Du Barry, séparée de biens, peuvent être réduits; que d'après l'état de sa fortune depuis 1792, une dépense de plus de 10,000 fr. par an, en bronzes et dorures, était excessive...

La Cour infirme le jugement, et, statuant par jugement nouveau, condamne la succession à payer à Gouthière la somme de 32,600 fr.

2. Citons ici une anecdote connue de quelques amateurs. Gouthière aurait un jour présenté à Marie-Antoinette une rose de bronze *doré au mat,* que la reine aurait prise pour de l'or. L'authenticité de cette anecdote nous est confirmée par M. Denière, à qui elle a été rapportée par M. Raymond, ami de son père. M. Raymond, élève de Riesener, était sous Louis XVI chef-ébéniste du Garde-Meuble, et occupait encore cette place sous la Restauration. C'était un homme considérable dans sa profession, et il resta jusqu'à sa mort au Mobilier de la Couronne.

pris le voyage des ouvriers ; la monture et l'ajustage des mêmes ornements, 46,000 fr.; la dorure, 63,000 fr.; pour la pose des dorures, 5,000 fr., compris le voyage des ouvriers. Trois autres piédestaux pareils étaient portés à 420,000 fr. »

Bien qu'il consentît à réduire le tout de 756,000 fr. à 642,000 fr., en retenant certains objets non terminés et non livrés, Gouthière ne put se faire payer par l'administration. Mme Du Barry avait beaucoup de dettes, et une commission avait été chargée de les examiner ; mais presque aucun des créanciers ne fut payé. Plus de dix ans après, en 1806, le pauvre artiste, sans doute ruiné depuis longtemps, adressa au Domaine une nouvelle demande en liquidation, mais sans plus de succès, et, *réduit à solliciter une place à l'hospice, il mourut dans la misère*[1] *!*

Telle fut la fin du ciseleur le plus célèbre que la France ait produit; fin plus malheureuse encore que celle d'André-Charles Boulle, qui, suivant l'expression d'un de ses contemporains, « après avoir servy des Roys et des hommes riches, mourut assés mal dans ses affaires. »

---

1. Extrait des pièces du procès intenté par Gouthière fils aux héritiers de Mme Du Barry.

CATALOGUE

DES EFFETS PRÉCIEUX

Qui composent le Cabinet

DE FEU M. LE DUC D'AUMONT.

Par P. F. JULLIOT fils & A. J. PAILLET.

Les Gravures des Vases, Colonnes, Tables et Lustres se trouvent placées à la suite des Feuilles de Vacation, au nombre de 3o Planches, dont chacune porte un numéro conforme à celui du Catalogue.

CATALOGUE

Des Vases, Colonnes, Tables de Marbres
rares, Figures de bronze, Porcelaines de
choix, Laques, Meubles précieux, Pendules, Lustres, Bras et Lanternes de
bronze doré d'or mat, Bijoux et autres Effets importants qui composent le Cabinet

DE FEU M. LE DUC D'AUMONT.

Par P. F. JULLIOT fils & A. J. PAILLET.

La Vente se fera le 12 Décembre 1782, à quatre
heures précises de relevée, et jours suivants, en son
Hôtel, Place Louis XV.

Les Amateurs pourront voir, le matin, l'ensemble de ce Cabinet, à commencer du 12 Novembre jusqu'au Dimanche 8 Décembre.

On verra, les jours de Vente, le matin, l'exposé de chaque
Vacation, depuis dix heures jusqu'à une heure.

Les Feuilles de Vacations se trouvent à la fin du Catalogue.

Le présent Catalogue se distribue,
A PARIS,

Chez { P. F. JULLIOT fils, rue du Four, au coin de
celle S. Honoré.
J. A. PAILLET, Hôtel de Bullion, rue Plâtriere.

AVERTISSEMENT.

Présenter au Public le Catalogue du Cabinet de feu Monsieur le Duc d'Aumont, c'est lui offrir l'idée de la Collection la plus véritablement précieuse qu'un goût naturel, éclairé par les lumieres et les travaux des Artistes les plus distingués, ait produite depuis long-temps.

Nous ne doutons pas que le suffrage le plus unanime, et sur-tout de la part des Amateurs, ne confirme le sentiment que nous nous permettons d'énoncer.

Cette Collection offre des colonnes, des tables et des vases où le précieux du travail et la beauté des formes sont unis à la richesse et à la rareté des matieres, qui toutes ont été tirées des anciens monumens de Rome.

On y distingue beaucoup de ces Porcelaines si estimées sous les dénominations d'ancien Japon, d'ancienne Chine, sous les couleurs céladon, bleu-céleste, violet, etc.

Des Pagodes intéressantes par leurs différens caractéres.

Des Porcelaines de France et de Saxe, dans les meilleurs genres.

Des Cabinets précieux d'ancien Laque.

Des Meubles non moins distingués, en pierres de rapport et marqueterie, par Boule.

Des Lustres, des Lanternes, et des Bras des plus beaux modeles, en bronze doré. La plupart par Gouthiere [1].

Pour procurer aux Amateurs un moyen de se fixer plutôt sur les choix qui pourroient répondre à leurs goûts ou à leurs vues, on s'est déterminé à faire graver les Vases et les proportions des colonnes avec les dessins des ornemens en bronze.

On auroit volontiers pris le même parti pour les Porcelaines, sur-tout quant aux anciennes du Japon et de la Chine, si l'on n'avoit pas cédé à la réflexion vraie que ces sortes de raretés se jugent et s'estiment bien moins par leurs formes que par leurs couleurs, que la gravure ne pourroit présenter. Mais du moins on s'est attaché à en donner une juste idée par des descriptions soignées et exactes.

---

1. Ciseleur et Doreur du Roi. Nous prévenons que tous les Ouvrages de son exécution seront indiqués à la fin des Articles par la lettre initiale G. (Note de Julliot et Paillet)

CATALOGUE

DES DIFFÉRENS EFFETS

QUI COMPOSENT LE CABINET

DE FEU M. LE DUC D'AUMONT.

VASES ET COLONNES DE MARBRE.

OBSERVATION.

Avant de nous livrer au détail des objets contenus dans ce Catalogue, nous rappellerons qu'il est peu d'ornemens plus imposans, plus intéressans dans l'arrangement d'un Cabinet, que celui qu'on peut y introduire par la distribution bien entendue de vases et de colonnes de belles proportions. Ces parties entroient essentiellement dans les idées des Anciens : c'est à leur goût épuré, c'est à leurs efforts pour vaincre, par le travail, les difficultés qu'offroit souvent l'extrême dureté des matieres les plus précieuses, que nous devons aujourd'hui les morceaux rares qui nous restent encore.

M. le Duc d'Aumont, jaloux de donner le plus grand caractere à son Cabinet, a fait les plus grandes recherches pour se procurer à Rome et dans toute l'Italie les marbres les plus rares, et pour les faire travailler par les hommes du premier mérite, qui ont parfaitement rempli ses vues ; et nous osons croire que la confiance avec laquelle nous nous exprimons sera justifiée par l'inspection des richesses dont nous allons faire la description.

PORPHYRE DE PREMIERE QUALITÉ.

1 Deux Vases, forme d'Urne, à tête de bélier saillante, prise de chaque côté dans le bloc ; les cornes, parfaitement dégagées à jour, en figurent les anses, et soutiennent la voussure de la gorge à bord à godron, la panse entourée, du haut, d'un fil de perles et à côtes torses sur le pourtour ; le tout sculpté à bas reliefs ; ils sont posés sur piédestal de granit gris tacheté de rose, tirant sur le violet ; hauteur de chaque Vase, 36 pouces 6 lignes sur 21 pouces de diamètre, y

compris la saillie des têtes; hauteur des piedestaux, 32 pouces. *Voyez* la planche n° 1.

Ces Morceaux, extraordinaires par leur importance en cette matière, sont majestueux par leur forme et admirables par l'art du plus riche et difficile travail; ils méritent d'être placés dans les Cabinets les plus distingués.

Paillet[1], *pour le Roi* . . . . 14,521 *liv.*

---

1. A.-J. Paillet, *peintre*, — telle est, du moins, la qualité qu'il se donnait dans ses catalogues, où nous voyons son nom pour la première fois en 1774. Deux ans après, il faisait insérer la mention suivante dans l'*Almanach des Artistes* : « *Paillet*, Hôtel d'Aligre, rue Saint-Honoré, tient magasin de Tableaux des meilleurs maîtres des trois écoles, dont il connoît tout le mérite. Il fait prisées et ventes. M. Mercier et lui ont fait construire, à cet effet, une salle très-belle et très-commode dans le même Hôtel. »

Nous possédons une de ces *prisées* entièrement de la main de Paillet : c'est celle des tableaux du célèbre cabinet du prince de Conti. Après la mort de l'illustre amateur, le prince héritier accorda au marchand un crédit de 60,000 liv. et une remise de 5 p. 100 sur les achats qu'il ferait à la vente des effets précieux de son père; dans une lettre datée du 4 Juin 1789, Paillet rappelle au prince que le « succès de cette affaire a été entièrement dû à son travail et à ses soins »; les objets, ajoute-t-il, « m'ont été adjugés à des prix si exorbitans que j'ai perdu réellement plus d'un quart pour les revendre dans le commerce. » Il parle ensuite du peu de succès qu'il a eu dans ses affaires, puis il ajoute : « L'entreprise périlleuse de l'Hôtel de Bullion, par moi acheté en 1778.., m'a offert une perte de plus de 100,000 liv....; la perte accablante que je viens d'essuyer par la banqueroute et la fuite du nommé *Dubois*, aussy marchand de Tableaux, dans laquelle je suis malheureusement enveloppé pour une somme

2 Une Colonne, ornée de chapiteau corinthien, de base
 à tore de feuilles de laurier, avec plinthe de bronze
 doré d'or mat, sur socle de brocatelle d'Espagne plaquée; elle est surmontée d'une boule milliaire de
 marbre serpentin, avec piédouche, garnie de culot à
 feuilles d'ornement, et tore à rosettes aussi de bronze
 doré en or mat, et socle rond de porphyre, G.; hauteur totale, 10 pieds; diamétre de la colonne, 8 pouces
 6 lignes. *Voyez* la planche n° 2.

Cette Colonne, recommandable par sa belle
qualité et la perfection de ses proportions, est

---

de 18,000 liv., qui réduit ma position à n'avoir pas 100 *pistoles
en mes mains.....* »

« Qu'il me paye 4,000 liv., écrit en marge le prince, je luy
ferai remise du surplus, pour éviter ses réclamations. » — « Je
suplie son A. S., écrit ensuite le pauvre marchand, de m'accor-
der *quatre années* pour payer..... » Et on lit au-dessous :

« Accepté à Paris, le 30 juin 1789.

« L. F. J. DE BOURBON. »

On verra ici que Paillet fut chargé, à la vente du duc d'Aumont, des achats de Louis XVI, du duc de Chabot, du maréchal
de Richelieu et d'autres grands personnages. La révolution de
1789 n'interrompit pas ses ventes; il en fit même pendant la
Terreur. Nous citerons seulement celles de Choiseul-Praslin et
de M. ***, où figuraient des meubles très-riches, des vases de
Sèvres, etc., et qui eurent lieu en 1793 en la demeure de A.-J.
Paillet, « M^d de tous objets curieux, *maison* de Bullion, rue
J.-J. Rousseau. » Peu de temps après, son nom paraît sur les
catalogues, associé à celui d'H. Delaroche, marchand de tableaux,
le père du célèbre peintre, et plus tard à celui de Laneuville.
Après sa mort, en 1814, Ch. Paillet, son fils, lui succéda; il fai
sait encore des ventes en 1841.

très intéressante par le bon accord et la richesse de ses ornemens régulierement finis.

Julliot[1]*, pour le Roi.* . . . . 6,999 *liv.* 19 *s.*

3 Deux Vases, forme de Médicis, parfaitement taillés, et évidés d'une grande légéreté d'épaisseur ; posés sur socle carré, entouré de fil de perles, à panneaux ren-

---

1. Ph.-F. Julliot fils, un des plus célèbres marchands de curiosités du siècle dernier, avait boutique rue du Four, au coin de celle Saint-Honoré, à l'enseigne du *Curieux des Indes ;* il y tenait aussi, d'après l'*Almanach général des Marchands,* un magasin considérable de glaces, trousseaux, bijouterie, etc. Il prenait modestement la qualité de *marchand,* comme l'avait fait E.-F. Gersaint, le premier des rédacteurs de catalogue du siècle dernier, aussi bien par le mérite que par la date. Le nom de Julliot figure assez souvent sur les anciens catalogues, tantôt seul, tantôt avec celui de Joullain ou de Paillet. C'est avec ce dernier qu'il fit, en 1784, la vente du cabinet de Montribloud, où figuraient des bronzes, vases, colonnes, meubles et autres objets du même genre que ceux que possédait le duc d'Aumont. Julliot fit encore quelques ventes avec Paillet : la dernière dont nous trouvions la trace est celle du duc de Richelieu, en décembre 1788. Nous ne savons ce que devint Julliot pendant la Révolution, mais il existait encore sous l'Empire. Un savant bibliophile et un amateur plein de goût, M. le baron Jérôme Pichon, a bien voulu nous communiquer un curieux manuscrit intitulé : *Catalogue de divers objets de Curiosité, par Ph.-F. Julliot, artiste. Année* 1809. On y trouve la description d'une collection de porcelaines de la Chine et du Japon et d'anciens laques provenant des magasins de Julliot, « qui avait été chargé par le feu roi Louis XVI d'en faire le choix et le rassemblement, et de les lui conserver.

Le feu roi Louis XVI en avait ordonné l'acquisition, à l'effet de les placer par ordre, dans une galerie construite exprès dans

foncés à entrelacs à rosettes, de bronze doré d'or mat, G. ; hauteur compris le socle, 13 pouces sur 8 pouces de diamétre. *Voyez* la planche nº 3.

On ne peut s'empêcher de répéter ici que ces deux Vases, faits à Rome, entièrement pareils à ceux sous le nº 437 du Catalogue de M. de Boisset [1], sont des morceaux de haute curiosité,

---

l'un des *Museum*, en y joignant les plus belles porcelaines de Sèvres, celles d'ancien Saxe et des diverses manufactures de France, afin de les offrir aux regards des amateurs français et étrangers.

Cette collection, continue le Précis qui sert d'introduction, n'a pu être acquise qu'à grands frais, vu la concurrence dans les tems ; on a eu soin d'y faire des montures et ornemens en bronze doré d'or mat, dont la richesse et l'exécution répondent au choix et qui n'ont pas coûté moins de 80,000 liv.

Tous les morceaux (sauf un petit vase de porcelaine de la Chine, ayant appartenu au *Grand Sully*) proviennent, la plupart, des Galeries :

De *Louis XIV*, de Mgr *le Dauphin*, du cardinal *Mazarin*, des Cabinets de M. le Duc de *Tallard*, de Mde la *Mise Pompadour*, de M. *de Jullienne*, de M. *Blondel de Gagny*, de M. *Randon de Boisset*, de Mde la *Duchesse de Mazarin*, de M. le *Duc d'Aumont*, de M. le *Mal de Richelieu*, de M. le *Cte de Merle*, de M. *Destouches*, de M. *Le Brun* et autres Cabinets choisis.

A la fin se trouve la table indicative comprenant 327 numéros, avec les prix que chaque objet a coûté, tant dans les ventes que d'après les registres d'inscription, avant l'année 1789 ; une trentaine d'objets sont indiqués comme provenant de la vente du duc d'Aumont. — Le chiffre total monte à 132,934 liv.

Nous ignorons ce qu'est devenue cette curieuse collection ; si elle fut vendue en bloc ou si elle fut dispersée.

1. En 1777 : vendus 2,431 l. à Paillet.

tant par la beauté de leur espece que par le chef-d'œuvre de l'art; leurs socles de bronze sont d'un fini précieux.

Julliot, pour le Roi. . . . . 3,134 *liv.*

4 Deux autres Vases, couverts, forme d'Urne, à gorge, anses méplates prises dans le bloc, saillantes de chaque côté, et parfaitement dégagées à jour; hauteur, 12 pouces 8 lignes; diamétre, 6 pouces 6 lignes. *Voyez* la planche n⁰ 4.

Ces Vases, d'une forme aussi simple que correcte, sont à remarquer par leur qualité et le travail de leurs anses¹.

Julliot, pour le Roi. . . . . 2,020 *liv.*

5 Un Vase oblong, forme d'Urne antique, à gorge évasée du bord, et bien évidé suivant sa forme extérieure, sur socle de granit noir et blanc; hauteur, 15 pouces, le socle 6 pouces en carré; épaisseur, 10 lignes. *Voyez* la planche n⁰ 5.

Ce morceau de belle forme d'Urne, dans le genre antique, réunit au précieux de sa matiere la perfection du travail et le poli le plus avivé, ce qui est d'un grand mérite en cette rare espece.

Paillet, pour le Roi. . . . . 1,800 *liv.*

---

1. Ces deux beaux vases, vendus 16,100 fr. à la vente du prince de Beauvau, en 1865, appartiennent à M. Spitzer.

6 Deux Vases ronds, couverts, forme de cassolette, à gorge; cul de lampe pris dans la masse, terminé par un bouton de même qualité, garnis d'un fil de perles sur le bord, supportés chacun par trois consoles à rinceaux d'arabesques, formant anses, accompagnées de guirlandes à roses et fruits sur la panse, terminées chacune par deux pieds de biche; ils sont placés sur socle triangulaire de jaspe vert aussi garni de moulures à feuilles d'eau, et boules à cannelures, torses de bronze doré d'or mat, G.; hauteur, 13 pouces; diamétre, 10 pouces. *Voyez* la planche n° 6.

Ces vases, très estimables par la qualité supérieure et rare de leur espece, sont d'un effet aussi riche que séduisant, par le goût et l'exécution recherchée de leur garniture.

Paillet, pour la Reine . . . . 3,001 *liv.*

MARBRE VERT ANTIQUE DE PREMIÈRE QUALITÉ.

7 Deux Colonnes, à chapiteau d'ordre composite, à feuilles d'ornemens prises dans le bloc en relief saillant, enrichi de rinceaux d'arabesques, terminés en volute sur les angles; branches de laurier entrelacées, dominant en espece de couronne sur le milieu de chaque face, et base à entrelacs, gorge unie et double baguette à feuilles d'eau, le tout de bronze doré d'or mat; placées sur socle carré de marbre serpentin, plaqué à un pouce d'épaisseur; elles sont surmontées d'un Vase rond, forme de cassolette, d'albâtre oriental, orné sur chaque côté de deux branches de laurier en console, formant anse, et de cul de lampe à feuilles

d'eau et fleurons de bronze en or mat; posé sur socle rond de vert antique, G.; hauteur des Colonnes, 8 pieds; diamétre, 9 pouces; hauteur des Vases, 12 pouces 6 lignes. *Voyez* la planche n° 7.

Ces deux Colonnes, de la plus grande importance, peut-être uniques en ce genre dans cette capitale, sont frappantes par leurs belles proportions et par la riche qualité de leur rare matière; les deux Vases intéressans dont elles sont surmontées, et l'excellent genre de leurs ornemens, parfaitement traités, forment un ensemble qui n'y laisse rien à désirer; elles furent trouvées à *Rome* dans une fouille faite en 1766 auprès du temple de *Vesta*, proche du Tibre, et ce fut après beaucoup de difficultés que l'Artiste chargé par M. le Duc d'Aumont obtint la permission de sortir de *Rome* ces deux pieces.

Paillet, pour le Roi. . . . . 13,801 *liv.*

8 Un Vase oblong, couvert, à anses adaptées; hauteur, 13 pouces.

Ce Vase, de matiere précieuse, est d'une façon simple qui caractérise son ancienneté; il vient de M. le Duc de Tallard[1].

---

1. Vendu 800 liv. à L. Duvaux, marchand, pour le prince de Turenne. La vente du duc de Tallard, faite en 1756 par P. Rémy et J.-B. Glomy, fut une des plus remarquables du siècle dernier.

Paillet, pour le marquis de La Mure[1] . . . .   361 *liv*

MARBRE SERPENTIN ANTIQUE.

9 Une magnifique Coupe, de premiere espece, d'un beau vert également tacheté de blanc, artistement évidée, avec socle de porphyre; placée sur un fût de Colonne de porphyre de ton un peu violet, à base et socle de granit rose d'ancienne roche. Diamètre de la coupe, 20 pouces; hauteur, 10 pouces 6 lignes; socle de porphyre, 7 pouces en carré; épaisseur, 2 pouces; hauteur du fût, 29 pouces 6 lignes; diamétre, 16 pouces. *Voyez* la planche n° 9.

Cette Coupe est précieuse par la rareté du marbre, par sa grandeur peu commune dans cette espece, par le net du travail et le vif du

---

1. Thiéry décrit le cabinet de cet amateur (1786) :

Cabinet de dessins de M. le marquis de La Mure.

« En avançant quelques pas dans ce faubourg (Saint-Honoré), vous aurez à voir au-dessus de la rue des Champs-Élisées, au n° 6, une précieuse collection des plus grands maîtres des trois écoles, appartenant à M. le marquis de la Mure. Cette collection est placée dans un appartement à rez-de-chaussée, dont elle occupe quatre pièces, ornées en outre de magnifiques meubles de Boule, d'armoires de vieux laque, une superbe pendule, d'anciennes porcelaines du Japon et de la Chine, enrichies d'ornements de bronze dorés d'or moulu, de superbes tables de marbre, breche d'Alep, verd de mer, brocatelle, et une magnifique en marbres de rapport, des vases de porphyre, serpentin, albâtre, jaune antique et d'agathes, etc. Tous les dessins sont superbement encadrés..... »

poli, et par la beauté de sa forme, qui produit un très bel effet sur son fût de colonne de porphyre; le granit de qualité supérieure employé à la base du fût de colonne a été trouvé à Rome en 1767, dans l'ancien port de Trajan.

Donjeux [1], *pour le Roi.* . . . . . . 6,799 *liv.* 19 *s.*

10 Un Vase oblong, couvert, à deux anses méplates, en console, prises dans le bloc, parfaitement dégagées à jour, à volute posant de chaque côté sur le haut de la gorge, et se terminant en légere saillie sur le long de la partie inférieure de la panse; posé sur un fût de colonne de marbre antique, nommé fleur de pêcher, à base et socle carré de granit rose à pan-

---

1. Ce marchand est ainsi mentionné dans l'*Almanach général des Marchands* de 1772 : *Donjeux*, peintre, rue des Fossés-Montmartre, *en porte cochère;* d'après l'*Almanach historique*, il tenait en 1776 *magasin* de tableaux dans la même rue. Il figure souvent dans les anciens catalogues comme acquéreur d'objets très-importants. Lebrun et Paillet publièrent en 1793 (29 avril) le « *Catalogue des objets précieux trouvés après le décès du citoyen Vincent Donjeux, ancien négociant de tableaux et curiosités* : Statues, bustes, bas-reliefs, vases, colonnes, etc., en terre cuite, pierre, ivoire, marbre, bronze; porcelaines, beaux et riches meubles du célèbre Boule; un des plus beaux lustres connus de cristal de roche; boëtes avec émaux du célèbre Petitot. » Ce marchand, qui avait débuté sous une porte cochère, dut acquérir une certaine aisance, car M. Lenoir cite, parmi les *Monumens français*, une statue attribuée à Jean Goujon et provenant « *du parc du citoyen Donjeux.* »

neaux renfoncés, garnis de frise à ornement d'arabesques de bronze doré d'or mat, G.; hauteur du Vase, 23 pouces sur 14 pouces 3 lignes de diamétre, y compris les anses; celle du fût, 40 pouces 6 lignes sur 11 pouces 6 lignes de diamétre. *Voyez* la planche nº 10.

Ce Vase est d'un mérite supérieur, par le beau simple de sa forme, sa qualité, et l'art du travail, particulièrement des anses, où il y a lieu d'admirer l'habileté de l'Artiste ; son fût de colonne, d'espece très extraordinaire, y ajoute encore un avantage important.

Paillet, pour le Roi. . . . . 3,599 *liv.* 19 *s.*

11 Un autre Vase rond, à gorge, forme de cassolette, de premiere qualité, garni de bouton, rosasse sur le couvercle, godrons et fleurons ornant le bord, de figures, sujets de femme, formant anse de chaque côté, l'une à pieds de Satyre, l'autre caractérisée Syrene, tenant chacune une branche de myrte entrelacée de ruban, assises, avec espece de tapis, sur le haut de la panse, qui est entourée de moulure à cordes et à feuilles d'ornement, et de pié-douche à baguettes de laurier, avec socle rond uni, le tout de bronze doré d'or mat, G.; hauteur, 13 pouces 6 lignes sur 14 pouces 6 lignes de diamétre, y compris la saillie des anses. *Voyez* la planche nº 11.

Ce morceau, estimable par sa premiere qualité et sa forme, est intéressant par le bon genre de ses ornemens [1].

Julliot, pour le Roi. . . . . 5,000 *liv.*

12 Un Vase rond, à gorge, de ton foncé, garni de bouton, rosasse sur le couvercle, tête de bouc de chaque côté figurant anse, bandeau renfoncé à frise d'ornement d'arabesques sur le haut de la panse, et socle rond uni de bronze doré d'or mat, G.; hauteur, 14 pouces sur 14 pouces 6 lignes de diamétre, y compris les ornemens. *Voyez* la planche n° 12.

Ce morceau réunit les avantages de la qualité du marbre, de la forme et de l'ensemble correct de sa garniture.

Julliot, pour le Roi. . . . . 1,511 *liv.*

13 Un autre Vase, couvert, forme oblongue à panse unie, le culot à côtes en relief, avec pied et plinthe pris dans le bloc, sur socle de bronze doré. Hauteur, 15 pouces; diamètre, 6 pouces 6 lignes. *Voyez* la planche n° 13.

Ce Vase, d'espece nommée serpentin noir, et tacheté de blanc, réunit au mérite de sa matiere très extraordinaire une forme simple dans

---

1. « C'est un cadeau de la duchesse de Mazarin, qui l'avoit payé 2,400 livres. » (Note manuscrite de Saint-Aubin, sur son catalogue.) — Ce beau vase, qui appartient au garde-meuble, est placé aujourd'hui dans le palais des Tuileries.

·le genre étrusque, qui lui donne un double avantage.

Julliot, pour le Roi. . . . . 980 *liv.*

MARBRE AFRICAIN.

14 Une Colonne d'ancienne roche, garnie de chapiteau à feuilles d'acanthe, baguette à fil de perles, et de base à tore de feuilles de laurier, entrelacé de rubans, de bronze doré d'or mat, G.; placée sur socle de porphyre; hauteur, 7 pieds 9 pouces sur 11 pouces 4 lignes de diamétre. *Voyez* la planche n° 14.

Ce morceau est admirable, non-seulement par sa belle proportion en cette rare espece, mais encore par sa riche qualité, variée d'accidens d'un vif coloris, et son excellent accord avec ses ornemens parfaitement ciselés.

Paillet, pour le Roi. . . . . 2,261 *liv.*

GRANIT GRIS.

15 Une Colonne, garnie de même chapiteau et base que la précédente, en bronze doré d'or mat, posée sur socle de granit vert, G.; hauteur, 7 pieds 9 pouces; diamétre, 11 pouces 2 lignes. *Voyez* la planche n° 14.

Cette Colonne, de matiere d'ancienne roche, d'un fond gris tirant un peu sur le vert, tachetée de blanc et imperceptiblement nuancée de

rose, est aussi recommandable que la derniere
par sa forme, ses heureux accidens et le bon
genre de ses ornemens.

Paillet, pour le Roi. . . . . 3,320 *liv.*

16 Deux fûts de Colonne, cannelés, garnis de tore à
feuilles d'ornement en doucine de bronze doré d'or
mat, sur socle et base carrée de vert de mer ; hauteur,
34 pouces 6 lignes sur 6 pouces 2 lignes de diamétre. *Voyez* la planche n° 16.

Ces deux pieces sont d'un effet séduisant par
leur qualité, leur travail et le fini de la garniture legere dont elles se trouvent ornées.

Paillet, pour le Roi. . . . . 934 *liv.* 3 *s.*

17 Deux autres fûts de Colonne sur leur socle, à panneaux renfoncés de même espece, garnis chacun du
haut de fil de perles, de base à tore à entrelacs, feuilles
d'acanthe et baguette nouée de ruban, le socle de
frise à rinceaux d'arabesques, avec sujet de Dauphin,
et à quatre boules, le tout de bronze doré d'or mat,
G. ; hauteur, y compris le socle, 44 pouces 6 lignes
sur 8 pouces de diamétre. *Voyez* la planche n° 17.

Ces deux morceaux sont très agréables par le
jeu piquant du tacheté de leur matiere, leurs
proportions et le goût recherché de leurs ornemens.

Julliot, pour le Roi. . . . . 3,451 *liv.*

MARBRE JAUNE ANTIQUE.

18 Une Colonne ornée de chapiteau d'ordre corinthien,
de base et plinthe de marbre blanc doré; placée sur
socle plaqué de marbre brocatelle d'Espagne; elle est
surmontée d'une boule milliaire d'albâtre, garnie de
cul de lampe à feuilles d'eau, et son pié-douche de
tore à rosettes de bronze doré d'or mat posant sur
plinthe ronde de jaune antique; hauteur, 10 pieds
sur 9 pouces de diamétre. *Voyez* la planche n° 2.

Cette Colonne a beaucoup de mérite par sa
matiere et sa proportion; il n'est pas commun
de pouvoir se procurer de pareils morceaux en
cette rare espece; elle fut trouvée à Rome dans
une fouille que l'on fit en 1767, dans la ville
de Négroni, près Sainte-Marie Majeure; cette
piece peut être regardée comme antique, car
on n'y a fait autre chose que de la polir [1].

Paillet, pour le Roi. . . . . 2,862 *liv.*

19 Un Vase oblong, à gorge, avec couvercle; tête de
bélier sculptée prise de chaque côté dans le bloc, et
formant anse saillante, bandeau sur la panse, cul de
lampe à côtes et cannelures, posé sur piédestal de
même matiere; hauteur, 15 pouces; diamétre, 8 pouces
6 lignes. *Voyez* la planche n° 19.

---

1. « Le chapiteau avoit coûté 4,000 livres au duc. » (Note manuscrite de Saint-Aubin.)

Ce morceau d'ancienne roche est distingué par sa qualité bien accidentée, le régulier de sa forme et l'art du travail de ses ornemens pris de relief dans le bloc; son piédestal y ajoute encore un avantage.

Julliot, pour le Roi. . . . . 1,520 *liv.*

20 Une grande Coupe ronde, parfaitement évidée, à gorge en voussure, dont le bord saillit sur la panse, le cul de lampe travaillé à côtes et cannelures; placée sur un fût de Colonne, de même qualité, à gorge, baguettes de roseau entre les cannelures torses du pourtour, base à tore de baguette et à moulure en doucine, avec socle de même matiere; le tout supporté par une forte base carrée plaquée de marbre vert de mer; diamétre de la Coupe, 21 pouces; hauteur totale, 51 pouces; diamétre du fût de Colonne, 14 pouces 6 lignes. *Voyez* la planche n° 20.

Ce morceau, extraordinaire par sa grandeur, présente un ensemble important; il réunit l'avantage de l'éclat de la matiere et la grande perfection du travail.

Julliot, pour le Roi. . . . . 6,901 *liv.*

21 Un Vase forme d'Urne, à gorge, à baguette sur le pourtour et culot travaillé à côtes, le tout pris en relief dans la masse; posé sur plinthe carrée à feuilles d'ornement de bronze doré; hauteur, 14 pouces. *Voyez* la planche n° 21.

Ce morceau a du mérite par son genre et sa forme.

Paillet, pour le marquis de La Mure. . .   370 *liv.* 2 *s.*

MARBRE BLEU GREC.

22 Deux fûts de Colonne, cannelés, garnis de base à tore de laurier entrelacé de ruban, à feuilles d'acanthe en doucine et à moulure ouvragée, de bronze doré d'or mat ; posés sur double socle de granit gris, supportés par quatre boules aussi de bronze doré, G. ; hauteur, compris le socle, 39 pouces ; diamétre, 9 pouces 6 lignes. *Voyez* la planche n° 22.

Ces deux pieces sont intéressantes tant par leur qualité, aussi rare qu'agréable, que par leur travail et le bon genre de leurs ornemens.

Paillet, pour le Roi . . . .   1,720 *liv.*

MARBRE VERT D'ÉGYPTE.

23 Deux fûts de Colonne, garnis de base à tore à entrelacs, avec gorge unie à baguette nouée par un ruban, le tout de bronze doré, chacun sur socle de G. griotte d'Italie, supporté par quatre boules aussi de bronze doré ; hauteur, 44 pouces ; diamétre, 8 pouces. *Voyez* la planche n° 23.

Ces deux fûts sont de la plus parfaite qualité et de la plus ancienne roche de cette matiere.

Châtelet, peintre[1] . . . . 800 *liv.*

JASPE ROUGE ORIENTAL.

24 Un Vase oblong, à gorge, couvert, de ton foncé, à anses en forme de console, de contour mâle, prises dans le bloc et parfaitement dégagées à jour; placé sur socle de prime verte; hauteur, 2 pieds; diamétre, 16 pouces 6 lignes, y compris les anses. *Voyez* la planche n° 24.

Ce Vase est imposant par sa forme simple de ce goût antique qui plaît à tout Amateur; il est à admirer par le beau genre de sa rare espece, et le travail d'une exécution nette, sur une matiere encore plus difficile à tailler que le porphyre; tous les connoisseurs jugeront de l'importance de ce morceau, en se représentant combien le dégagement des anses a exigé d'habileté et de soins de la part de l'Artiste. Le bloc employé pour cette pièce a été trouvé en 1766, dans l'ancien port de Trajan, à 15 milles de Rome.

Paillet, pour le Roi. . . . . 4,801 *liv.* 1 *s.*

---

1. C'était un peintre de genre. Son nom figure, avec celui de Lagrenée le jeune et d'autres artistes, dans les comptes des travaux de décoration de Trianon (M. de Lescure, *le Palais de Trianon*).

JASPE FLEURI.

25 Une Coupe ronde, en forme de cuvette, bien évidée, à gorge, travaillée à côtes et cannelures sur le pourtour; garnie de bord peu élevé à ornement découpé à jour; baguette de laurier avec fil de perles sur le haut de la panse, cul de lampe à rosasse à feuilles de laurier, fleurons et bouton à graines; elle est supportée par un trépied à trois consoles, chacune à volute et à tête de faune, avec pilastre formé de deux moulures ouvragées séparées par un fil de perles à jour et terminées par doubles pieds de biche; ces consoles sont accompagnées, entre les volutes, de branches de vigne chargées de raisins formant guirlandes, et tenues par un triangle à frise d'entrelacs à jour, entre deux fils de perles, avec avant corps à rosettes et fleurons : on voit dans l'intérieur du trépied un serpent sortant du cul de lampe et qui s'avance vers une espece de fruit placé au centre d'une rosasse qui orne le milieu du socle, le tout posé sur une plinthe ronde, aussi de Jaspe fleuri, garnie de six pieds, à gaînes et à cannelures torses, distribuées en trois parties relatives au composé de la garniture, dorée d'or mat, G.; hauteur, 17 pouces 9 lignes. *Voyez* la planche n° 25.

Ce morceau, précieux par la rareté de son espece, le vif agréable des couleurs et le net du travail, est relevé par une garniture du dessin le plus ingénieux et du goût le plus flatteur dont l'Artiste ait pu être animé pour donner à

cette coupe une forme aussi heureuse que riche,
qui répondît au mérite de la matiere par le plus
parfait accord de l'excellent genre et du fini des
ornemens; et en effet cette piece présente un
chef-d'œuvre de l'art.

Le Brun, pour la Reine[1]. . . . .   12,000 *liv.*

26 Un Vase oblong, bien évidé, à gorge un peu élevée,
   formé d'Urne dans le goût antique, le pourtour de la
   panse uni et la partie inférieure travaillée à côtes en
   relief; posé sur socle de porphyre; hauteur, 18 pouces
   sur 7 pouces de diamétre; socle, 6 pouces en carré;
   épaisseur, 22 lignes. *Voyez* la planche n° 26.

   Ce Vase est encore du nombre des précieux

---

1. Que devint pendant la Révolution ce chef-d'œuvre de
Gouthière? Il est probable que, transporté à Versailles, il fut
vendu en 1793 avec le mobilier du château. Ce n'est qu'en 1831,
dans une vente Fournier, faite par Ch. Paillet, que nous en retrouvons la trace : il y fut *donné* pour 1,200 fr. On adjugea
dans la même vente, pour 1,215 fr., deux magnifiques vases de
Jaspe agate de dix pouces de haut; la monture, probablement
due à Gouthiere, se compose, dit le Catalogue, de deux figures
de femmes posées sur des consoles à têtes de bélier et se tenant
au collet de vase. Ces deux exemples suffisent pour montrer
à quel point ces objets charmants étaient dépréciés à l'époque
où florissait le romantisme, et où régnait le gothique de pendule.
La belle coupe de Gouthière reparut en 1865 à la vente du prince
de Beauvau, faite par MM. Ch. Pillet et Manheim, et fut payée
31,900 fr. par M. le marquis d'Hertford. C'est à peine son ancien prix, car l'argent, en 1782, avait environ quatre fois plus
de valeur qu'aujourd'hui.

de ce Cabinet, par son genre, la riche qualité de sa matiere, le swelte de sa forme et la netteté du travail de sa taille; aussi sa perfection a-t-elle décidé à le laisser dans sa noble simplicité.

Paillet, pour le Roi. . . . . 1,501 *liv.*

27 Un vase de même forme et espece que le précédent, approchant du ton de couleur sardoine, tacheté d'accidens blancs tenant de l'agate, sur socle de porphyre; hauteur, 18 pouces; diamétre, 7 pouces. *Voyez* la planche n° 26.

Ce morceau est aussi précieux que le dernier, par son genre et sa rare qualité.

Paillet, pour le Roi. . . . . 1,801 *liv.*

JASPE [1].

28 Un Vase couvert, forme d'Urne oblongue, de taille

---

1. Les marbres rares, les jaspes, les granits, les porphyres, étaient fort à la mode du temps de Louis XVI, et il n'était pas de demeure riche et élégante qui n'en fût ornée. La vogue des belles matières dures était telle alors, qu'en 1779 il se forma une société qui prétendit, suivant les *Mémoires secrets*, « avoir trouvé, dans une partie de la France, des porphyres et des granits aussi beaux que ceux d'Égypte..... Ce sont aujourd'hui des blocs immenses qu'elle a fait à ses frais enlever, transporter, dégrossir, tailler, sculpter, polir, en un mot, mettre en œuvre. Ils ont toutes les qualités des antiques... On voit des vases de formes élégantes, des cassolettes, des cuvettes, des bijoux de

unie à deux petites baguettes en relief sur la panse,
avec pied et plinthe pris dans la masse et socle de
bronze doré; hauteur, 15 pouces; diamétre, 6 pouces
6 lignes. *Voyez* la planche n° 28.

---

cabinet, des colonnes, des supports, etc., qui ont jusqu'à 9 pieds
de long et plus. »

On lit, plus loin, que cette découverte précieuse datait de
1768 et avait été faite dans les Vosges; un sieur Guillemin,
sculpteur-marbrier, réussit à obtenir un poli ferme et brillant.
En 1771, on construisit sur les lieux une machine à débiter des
tranches, et, en 1775, un établissement plus considérable fut
formé en Lorraine.

Les matières dures se travaillaient également à Paris; l'*Almanach historique*, etc. (1776), mentionne des « ouvrages de porphyres, jaspes, granites, serpentins de diverses couleurs, dans
l'atelier du sieur Feuillet, sculpteur et statuaire, fauxbourg
Saint-Martin.

« Les études que le sieur Feuillet a faites pour pouvoir donner
à ces matières, malgré leur extrême dureté, l'élégance, le goût
et la propreté dont elles sont susceptibles, l'ont mis en état
d'exécuter des ouvrages de toutes les formes pour décorer des
édifices et des appartements. Nous devons des éloges au sieur
Feuillet, de ce qu'il apporte le plus grand soin à travailler ces
matières précieuses, et à leur donner, comme autrefois les Grecs
et les Égyptiens, les formes et telles proportions qu'on peut
désirer; car il est en mesure de fournir des pièces proportionnées et d'un seul bloc, depuis un pied de long jusqu'à quarante. » Le volume de l'année suivante ajoute que : « grâces
aussi aux correspondances qu'il a établies en Alsace et en Allemagne, il peut livrer ces travaux précieux à un prix beaucoup
moins considérable qu'autrefois. »

Il est probable que ce Feuillet faisait aussi le commerce des
curiosités : il figure souvent comme acheteur dans des ventes
importantes, notamment dans celles de Randon de Boisset et du
prince de Conti.

Ce morceau, d'espece nommée jaspe vert, de ton de couleur tenant du jade, est singulier par sa forme dans le genre étrusque, et précieux par la qualité de sa matiere.

Julliot, pour le Roi. . . . . 1,600 *liv.*

29 Un Vase couvert, taillé à douze pans peu sensibles, orné de bouton, rosette, gorge à cannelures, de tête de Bacchus, dé culot et piédouche de bronze doré, posé sur un fût de colonne d'agate aussi orné de tore et plinthe de bronze doré; hauteur, 8 pouces 9 lignes sur 5 pouces 4 lignes de diamétre, y compris les ornemens ; hauteur du fût, 4 pouces 3 lignes.

Ces deux morceaux sont curieux par leur rare matiere et leur bon ensemble.

Paillet, pour le marquis de La Mure. . . . 8oo *liv.*

FIGURES, BUSTES ET TÊTES DE MARBRE.

3o Un Enfant de marbre blanc, représentant l'Amour endormi, avec son arc et son carquois; couché sur un coussin à oreiller et à glands, avec tabouret, à quatre gaînes, orné de tapis formant festons, le tout en bois sculpté, doré.

Julliot, pour le duc de Chabot[1]. . . . . . 3oo *liv.*

---

1. Le duc de Chabot, chevalier des ordres du Roi, lieutenant général de ses armées, honoraire amateur de l'Académie de peinture et de sculpture, habitait une partie de l'hôtel de la Rochefoucauld, situé à peu de distance du pavillon des Quatre-

31 Deux Bustes d'après l'antique, l'un Séneque et l'autre Homere, de marbre blanc à draperie de bleu turquin, sur gaînes cannelées en bois peint; hauteur des bustes, 32 pouces; hauteur des gaînes, 4 pieds.

Donjeux, marchand. . . . . 461 *liv.*

32 Deux autres Bustes de marbre blanc, aussi d'après l'antique, sur leurs gaînes cannelées en bois peint.

Donjeux. . . . . 215 *liv.* 1 *s.*

33 Deux Têtes de marbre blanc sur leur piédouche, dont une de faune.

Donjeux. . . . . 120 *liv.*

34 La Vénus de Médicis sur sa terrasse, supportée par quatre boules de bronze doré; hauteur, 20 pouces [1].

Nations. Son Cabinet occupait plusieurs pièces du rez-de-chaussée, donnant sur un grand jardin disposé dans le genre pittoresque. « Indépendamment des Tableaux qui ornent ce Cabinet, recommandable par le choix des morceaux qui le composent, on y voit encore, dit Thiéry, un Amour en marbre, par M. Falconnet; des Vases de Porphyre, forme de Médicis; des Coupes de Jaspe fleuri, soutenues par des pieds de bronze doré d'or moulu, d'autres en marbre brèche verte, portées par des trépieds, aussi de bronze doré; de magnifiques pendules, deux centaures de bronze antiques..., etc.

1. Saint-Aubin a rayé sur son catalogue le mot *Médicis*, et l'a remplacé par *Callipige* (sic). Sur l'exemplaire de la bibliothèque de l'Arsenal, le mot *Médicis* a été également effacé, et on a ajouté à la plume *la Vénus aux belles-fesses*. C'est ainsi que les curieux désignaient ordinairement la *Vénus Callipyge.*

M. de Courmont [1]. . . . .   362 *liv.*

35 Deux autres Figures, l'une est le rémouleur et
l'autre la Vénus accroupie; posées chacune sur socle
carré à gorge en bronze doré; hauteur, 12 pouces;
largeur, 12 pouces 6 lignes.

Ces deux bronzes, fondus en cire perdue, sont
d'une touche moëlleuse, ils méritent attention,
et sont à distinguer de pareils sujets qui ont été
très répétés.

Paillet, pour le président de Nicolaï [2]. . . . .   830 *liv.*

---

1. Régisseur général, rue d'Artois. Cet amateur possédait une
jolie collection de tableaux des trois écoles; après avoir cité les
plus remarquables, Thiéry ajoute : « Un buste en bronze de
Voltaire, par M. Houdon, et celui du Maréchal de Saxe, exécuté
en terre cuite par Le Moine; la Vénus aux belles-fesses en
bronze.

« Deux jolis vases de terre cuite, par Boichot; deux autres
vases de porphyre, forme de Médicis, de la plus belle qualité et
parfaitement évuidés ; un autre vase de marbre vert africain antique, de deux pieds et demi de haut; une belle coupe d'Agathe
sidoine, sur un pied de Jaspe, de la plus belle qualité ; une
autre coupe d'Agathe, montée fort élégamment et sur un pied
de serpentin antique; deux petits fûts de colonne de Porphyre;
deux autres de vert d'Égypte.

« Une belle table de vert antique; une autre d'albâtre oriental, de la première qualité, soutenue par un pied de marqueterie
de Boule ; deux superbes tables de serpentin antique et plusieurs
beaux meubles de Boule. »

2. Le marquis de Nicolaï, premier président du Grand-Con-
seil. Il habitait rue des Enfants-Rouges, n° 8.

PORCELAINES DE PREMIERE QUALITÉ COLORIÉES.

Les Porcelaines de sorte et de forme rares font un effet séduisant dans un Cabinet par la variété agréable qu'elles y procurent. Les Amateurs ont toujours senti la nécessité de leur mélange par l'accord frappant avec des Figures de bronze et des Vases de marbre. L'espece de premiere qualité que nous présentons a été recherchée de tout temps, elle plaît à l'œil du curieux, elle le ravit par le beau blanc, le grenu fin de sa pâte et le flou piquant de ses diverses couleurs. C'est d'après ce mérite reconnu qu'il y a environ 5o ans que la Manufacture de Saxe a employé toutes les ressources de l'art pour l'imiter : on avoue qu'elle y a réussi avec beaucoup de succès, sans cependant avoir pu atteindre au vrai tact de la pâte et de ses couleurs; l'attention que cette Manufacture a eue d'en copier les morceaux capitaux constate entièrement sa supériorité. Le choix que feu M. le Duc d'Aumont a fait en cette qualité et en autres genres, lors des Ventes des Cabinets de feu MM. les Ducs de Tallard et Dancésune, MM. de Jullienne de Gagnat et de Boisset, à Paris, et en Hollande de celui de M. le Comte de Wasner[1], fournira ici aux connoisseurs la facilité de satisfaire leur goût.

Pour donner une distinction précise aux différentes especes de Porcelaines de ce Cabinet, nous les avons distribuées par un ordre suivi de chaque sorte ; quant à celles anciennes coloriées du Japon, nous distinguons la premiere classe par les termes connus d'*ancienne premiere qualité ;* la seconde, réunissant des morceaux très importans, le sera par ceux d'*ancien Japon*.

36 Deux Urnes à six pans, dont trois à bouquets à haute tige, les autres à Paon, le haut de ces Urnes et les dessus de leur couvercle, fond rouge à dessin vert, formant une espece de broderie, et à cartouche d'oiseau sur trois des angles ; elles sont garnies de fermeture, de gorge à oves et pied à feuilles d'ornement de bronze doré d'or mat ; hauteur, 13 pouces sur 7 de de diamétre ; placées sur socle de vert antique de 6 pouces en carré sur 18 lignes d'épaisseur.

Ces deux Urnes et les deux suivantes sont de la plus excellente sorte ; elles réunissent tout ce que les curieux peuvent y desirer ; il en est dans cette qualité qui n'ont pas le haut fond rouge à

---

1. La vente du comte de Wassenaer d'Obdam eut lieu à La Haye, en 1750.

broderie et à oiseau, ce qui mérite d'être distingué.

> *Paillet, pour le Roi.* . . . .   1,261 *liv.*

37 Deux Urnes couvertes, pareilles aux précédentes et même garniture, avec socle de vert antique de 6 pouces de diamétre sur 1 pouce d'épaisseur.

> *La duchesse de Villeroi* [1] . . . .   1,268 *liv.*

38 Deux Urnes à six pans de même forme et qualité, garnies de fermetures et gorge à feuilles de laurier et de pied à feuilles d'ornement de bronze doré d'or mat; posées sur socle à huit pans de marbre d'Ecosse supporté par quatre boules; hauteur des Urnes, 13 pouces sur 7 de diamétre; diamétre de ce socle, 6 pouces sur 10 lignes d'épaisseur. On prévient que l'une de ces Urnes a une très légere félure sur l'angle d'un des pans.

> *La duchesse de Villeroi.* . . . .   959 *liv.*

39 Deux Urnes rondes de très belle forme à trois cartouches fond blanc, de deux grandes pagodes portant

---

1. L'hôtel de Villeroi était situé rue de l'Université. Les mémoires du temps parlent de la duchesse d'une façon peu révérencieuse, et lui attribuent certains goûts assez répandus de son temps. Elle avait du reste beaucoup d'esprit et de causticité. Voici le portrait qu'on fait d'elle, sous un nom supposé, dans la *Galerie des Dames françoises :* « Cléonice a porté le goût de la musique, des fêtes, des concerts, des livres, des plaisirs de l'esprit, à un point qui ne peut se concilier qu'avec des sensations épurées et accoutumées aux jouissances délicates. »

parasol, entre lesquelles est un arbuste avec oiseau et fleurs ; ces cartouches sont encadrés de bandes à broderie de petits feuillages bleu céleste foncé, et les Urnes ornées de gorge, de trois anses, de cul de lampe avec piédouche ouvragé et plinthe de bronze doré ; hauteur, 24 pouces ; diamétre, 10 pouces 6 lignes.

Ces deux Urnes, par la rareté de leur genre, sont du nombre des morceaux les plus capitaux de cette espece : elles méritent l'attention des Amateurs par leur belle qualité, le régulier de leur forme et le bon ensemble de leur garniture ; on ne craint point d'avancer qu'il seroit peut-être impossible d'en trouver d'aussi bien assorties.

Elles viennent du Cabinet de M. de Boisset, ainsi que les deux articles suivans, sous les N°s 504, 508 et 509 du Catalogue.

Julliot, pour le Roi[1]. . . . . 3,820 *liv.*

OBSERVATION.

Nous prévenons qu'en annonçant un morceau de bronze doré, les ornemens en sont ciselés doré d'or moulu ; ceux dorés d'or mat seront distingués, pour que cela soit plus précis.

---

1. 3,501 liv. à la vente Randon de Boisset, 1777.

A l'égard de la ciselure, les pieces qui ne seront garnies que de pied et collet à godron seront désignées.

40 Deux Vases ronds à trois cartouches fond blanc de deux grandes pagodes portant parasol, entre lesquelles est un arbuste avec oiseau et fleurs; ces cartouches sont renfermés par des bandes à broderie de petits feuillages bleu céleste foncé, tant sur leur pourtour que sur leur couvercle. Ces Vases sont garnis de bouton, bandeau à panneau à jour à rosasses avec branchages de myrte·où tiennent trois anneaux, et trépied à cul de lampe, consoles à griffes, et plinthe à avant corps d'où sort une flamme, le tout de bronze doré; hauteur, 28 pouces; diamétre, 11 pouces 6 lignes, y compris la garniture.

Ces deux Vases, de même espece que les deux dernieres Urnes, en ont le même mérite par leur perfection, le rare de leur sorte et le goût riche de leur garniture. L'on ne connoît exister dans les Cabinets, d'assortis en cette forme, que ces deux Vases et les deux suivants, ce qui prouve combien il est difficile de trouver des pieces de marques dans le bon genre de cette Porcelaine.

Julliot, pour le Roi[1]. . . . .   **2,721 *liv*.**

---

1. 2,401 liv. à la vente Randon de Boisset.

41 Deux autres Vases de même forme; qualité et ornements de bronze doré, mais à dessin courant de riches ramages de fleurs et oiseaux sur leur pourtour
et leur couvercle, sur lequel est un Lion en relief pris
dans la porcelaine, servant de bouton; hauteur,
22 pouces 6 lignes sur 11 pouces de diamétre, y compris les ornements.

Le comte de Merle [1]. . . . .   1,855 *liv.*

42 Un Cornet, à hautes tiges de branchages et fleurs,
garni de gorge et pied de bronze doré, avec son socle
de vert mer. Il n'est pas commun en ce genre de
trouver cette forme; hauteur, 16 pouces.

Julliot. . . . .   83 *liv.*

43 Deux Cassolettes rondes à côtes peu sensibles, ce qui
augmente leur mérite : l'une à trois cartouches de
dragon entremêlés de bouquets et grenade, l'autre à

---

1. L'*Almanach historique* de 1777 mentionne parmi les principaux cabinets de Paris celui du comte de Merle, rue de Bourbon. Il fut transféré plus tard rue de Choiseul. On y admirait
de très-beaux tableaux, qui provenaient en partie des cabinets
de Conti et de Randon de Boisset. Le comte de Merle possédait
également des vases et figures de marbre, des porcelaines anciennes, des meubles de Boule, etc. Sa vente, dont nous avons
le catalogue, commença le 1er mars 1784. Cet amateur, dit
Julliot, était éclairé, délicat dans son choix, difficile sur les per-
spectives de l'art; tout dans sa précieuse collection, qui formait
un ensemble magnifique, offrait le bon goût, la finesse de tact,
l'amour du vrai beau. Ces deux vases n'atteignirent que 1,220
livres à sa vente.

trois cartouches d'oiseau séparés aussi par des bouquets, tant sur le pourtour que sur le couvercle de chacune; elles sont ornées d'un bandeau à fil de perles entre deux moulures ouvragées servant de gorge, de trépied à culot en cannelures torses, chaînons entre trois consoles à tête d'enfant terme, se terminant par une griffe de Lion et socle à gorge unie à feuilles d'eau, présentant sur son dessus intérieur un soleil entouré d'un cercle à entrelacs découpés à jour, avec double socle de porphyre garni du haut d'un cercle à fil de perles, de guirlandes de roses sur les faces et de socle à tore de laurier, le tout de bronze doré d'or mat, G.; diamétre de la porcelaine, 5 pouces 3 lignes; hauteur, y compris les ornements, 9 pouces; hauteur du socle de porphyre, 2 pouces 9 lignes; diamétre, 4 pouces.

Ces deux Cassolettes, de parfaite qualité, sont deux bijoux précieux de curiosité, par le genre de leurs dessins, le goût piquant et le fini du travail de leur garniture.

Julliot, pour le Roi. . . . . 2,703 *liv.*

44 Deux autres Cassolettes couvertes, fond blanc gaufré à demi-relief, semé de légers bouquets; garnies de gorge et pied de bronze doré; placées chacune sur un plateau de porcelaine ancienne, à bord brun, à légers branchages et bouquets, supporté par un bandeau à entrelacs et rosettes et à quatre griffes de Lion aussi de bronze doré; hauteur des cassolettes, 9 pouces sur

8 pouces 6 lignes de diamétre; celui du plateau, 9 pouces.

Ces Cassolettes, d'excellente et très rare qualité, peuvent former deux morceaux les plus intéressants pour l'acquéreur.

Donjeux. . . . . 721 *liv.*

45 Deux Vases, nommés soufflets parce qu'ils en ont presque la forme, à quatre pans, à oreilles de chaque côté et à espece d'anse de panier sur le dessus, prise dans la masse; l'un est à dessins de petits magots, l'autre à tiges de feuillages; garnis du haut de légers cadres à rosettes et de pied à griffes de Lion de bronze doré; hauteur, 11 pouces sur 3 pouces 9 lignes de diamétre, sur socle de vert antique de 4 pouces 9 lignes sur 3 pouces 9 lignes en carré et 11 lignes d'épaisseur.

Ces deux morceaux sont singuliers, et d'une forme rare, que les amateurs ont toujours recherchée.

Julliot, pour le Roi. . . . . 5oo *liv.*

46 Deux bouteilles avec leurs couvercles, de forme oblongue, à quatre pans, dont deux à haute plante, les deux autres à petits bouquets finement dessinés et à feston de broderie rouge sur le haut du goulot; garnies d'un léger collet uni et de pied à petites rosettes avec quatre boules de bronze doré d'or mat; placées sur socle de jaspe vert; hauteur, 9 pouces 5 lignes; socle, 3 pouces en carré; épaisseur, 7 lignes.

Ces deux bouteilles et les huit suivantes, de forme et de sortes les plus rares, sont de toute perfection : elles proviennent des Cabinets les plus célèbres.

Julliot, pour le Roi. . . . . 572 *liv.*

47 Deux autres bouteilles pareilles aux précédentes, avec leur couvercle, même garniture et socles de vert antique; hauteur, 9 pouces 5 lignes; socle, 3 pouces en carré; épaisseur, 9 lignes.

Julliot, pour le Roi. . . . . 5ı9 *liv.*

48 Deux bouteilles de belle qualité et même forme, dont deux à pans à petits bouquets, les deux autres à légers ramages de fleurs et le haut du goulot à dessins verts; garnies de bord uni et pied à godrons de bronze doré, posées sur socle de vert antique; hauteur, 9 pouces; socle, 3 pouces en carré; épaisseur, 10 lignes.

Julliot, pour M. Destouches[1]. . . . . . . 569 *liv.*

---

1. Intendant général de la Maison et des Finances de Mme la comtesse d'Artois. « Sa collection, dit Thiéry, composée de tableaux des maîtres Flamands et Hollandois, la plupart très-précieux, et dont partie se trouvent gravés dans la suite de cette École entreprise par le sieur Le Brun, réunit aussi quantité de Porcelaines et de Bronzes. » C'est sans doute le même qu'un certain Destouches qui fut le secrétaire et l'âme damnée de l'abbé Terray. On raconte qu'en 1775 la ville de Lyon, pour obtenir du fameux abbé le dégrèvement de certains droits, fit présent à son secrétaire d'une somme de 24,000 livres, et de 9,000 livres à sa femme. La ville n'ayant rien obtenu, elle adressa ses plaintes

49 Deux autres bouteilles à huit pans et petit goulot
   alongé, à légers ramages ; garnies de couvercle et pied
   à petites feuilles d'ornement de bronze doré, avec
   socle de serpentin ; hauteur des bouteilles, 9 pouces
   4 lignes ; socle, 3 pouces 8 lignes en carré ; épaisseur,
   10 lignes.

   Legère[1]. . . . .   510 *liv.*

5o Deux autres bouteilles semblables aux deux dernieres, même garniture et socles de porphyre ; hauteur des bouteilles, 9 pouces 4 lignes ; socles,
   3 pouces 8 lignes en carré ; épaisseur, 10 lignes.

   Legère. . . . .   54o *liv.*

51 Deux Jattes à dix pans, à deux pagodes et chimeres
   en dedans ; le dehors à deux pagodes, gerbes et fleurs
   avec rebord à espece de broderie coloriée et bord
   brun ; ornées de pied à quatre consoles de bronze doré
   d'or mat, posées chacune sur un plateau à huit
   pans, à dessin de perdrix et bord brun avec rebord à
   rosettes coloriées ; hauteur des jattes, y compris leur
   pied, 7 pouces sur 8 pouces 4 lignes de diamétre ;
   diamétre du plateau, 8 pouces 6 lignes.

à Turgot, qui fit rendre gorge au sieur Destouches. Le Brun fit
en 1794 la vente de la « *collection très-précieuse de tableaux,
porcelaines, bronzes, marbres, etc., du citoyen Destouches.* »

   1. Ce marchand de curiosités figure assez souvent parmi les
acheteurs, dans les anciens catalogues. Sa vente, qui se compo-
sait de figures et vases de bronze et de marbre, de porcelaines, etc.,
fut faite en 1784, par Julliot fils.

Ces deux Jattes sont de cette sorte supérieure si estimée par sa parfaite beauté, la singularité des dessins et le piquant de son coloris : on annonce ces Jattes à bord brun, parce que l'Etranger amateur et tous les curieux font une grande différence du mérite des morceaux à bords bruns d'avec ceux qui n'ont pas cet avantage.

Le marquis de la Vaupalière [1]. . . . . . . 990 *liv.*

52 Deux autres Jattes à bord brun, à huit pans, dont quatre fond rouge à dessin bleu céleste foncé, les autres à bouquets, arbuste en dehors et en dedans, bordure à petites fleurs rouges, avec oiseaux de paradis; placées chacune sur un socle de vert antique; hauteur des jattes, 3 pouces 6 lignes sur 6 pouces 9 lignes de diamétre; socle, 3 pouces 6 lignes en carré; épaisseur, 9 lignes.

---

1. L'hôtel de la Vaupalière, bâti sur les dessins de l'architecte Colignon, était situé dans la rue du Faubourg-Saint-Honoré ; les jardins donnaient sur les Champs-Élysées. Outre le goût de la curiosité, le marquis avait encore celui du jeu ; on raconte dans les *Mémoires secrets* que les gros joueurs, ne pouvant traîner avec eux les sommes énormes qu'ils couraient risque de perdre, avaient imaginé des boîtes avec des jetons ou fiches à leur nom, portant de l'autre côté 10, 15, 20, 100 louis. « M. de la Vaupalière ayant prié sa femme de lui en faire arranger une de cette espèce, elle y a joint son portrait et ceux de ses enfants, avec ces mots : *Souvenez-vous de nous !* mot peu efficace, car il n'en a pas moins perdu beaucoup. »

Ces deux Jattes sont d'un genre précieux, et faites pour plaire à tout amateur.

Paillet, pour le marquis de La Mure. . . . . . 8oo *liv.*

53 Deux très belles Jattes à huit pans, à bord brun avec rebord à dentelle fond rouge pointillé de vert, à oiseaux de paradis et bouquets en dedans, arbustes et fleurs en dehors; garnies de pied à quatre consoles de bronze doré d'or mat, posées sur compotier à huit pans, à dessin de perdrix et bord brun avec rebord à rosettes coloriées; hauteur des jattes avec leur pied, 7 pouces 2 lignes sur 9 pouces de diamétre; diamètre du plateau, 8 pouces 1o lignes.

Le Brun [1] . . . . 7o3 *liv.*

---

1. Ce célèbre marchand de tableaux était fils de Pierre Le Brun, marchand lui-même, qui mourut en 1771, et dont il fit la vente, le 18 novembre de la même année. Le Brun père avait fait un certain nombre de ventes, parmi lesquelles nous citerons celle de Largillière, en 1765. F. B. P. Lebrun dut débuter de bonne heure, si c'est lui qui figure parmi les acheteurs de la vente du duc de Tallard, en 1756, avec cette mention : *Le petit Le Brun.* Il voyageait beaucoup, si nous en croyons cette annonce insérée dans l'*Almanach des Artistes* de 1776, ouvrage qui lui a été attribué : « Le Brun, rue de l'Arbre-Sec, tient Magasin de Tableaux de toutes les Écoles et de Desseins précieux. Les recherches qu'il va souvent faire en Hollande et dans les Pays-Bas ont étendu ses connaissances, et l'ont rendu plus éclairé. Il fait prisées et ventes. » Plus tard, il épousa Mlle Vigée, déjà connue comme peintre, bien que fort jeune; elle fit en 1779, à vingt-quatre ans, le portrait de Marie-Antoinette. Le Brun était riche, ce qui lui permettait de recevoir beaucoup de personnes de distinction, et même des gens de cour. Les Galiffet, les Po-

54 Une Jatte ronde, évasée, à bord brun, à sujets d'oiseau de paradis, tortue, arbrisseaux et terrasses à petites fleurs en dedans; autres oiseaux avec ramages en
dehors; garnie de pied à feuille d'ornement de bronze
doré d'or mat; hauteur, 5 pouces 6 lignes sur
11 pouces 6 lignes de diamétre.

---

lignac, les Vaudreuil, étaient de ces fêtes et de ces soupers fins,
dont une jolie femme faisait les honneurs; ils y venaient chercher, au milieu des auteurs et des artistes, le plaisir qui les
fuyait ailleurs. Mme Le Brun figure dans la *Galerie des Dames
françoises* sous le nom de *Charitès* : elle fut admise à l'Académie
en 1783 : elle n'avait pu être reçue plus tôt, si nous en croyons
les *Mémoires secrets,* « à raison de son mari, marchand et brocanteur de tableaux, déshonorant l'art par des manœuvres mer-
cantiles. »

Le Brun demeurait alors rue de Cléry, à l'ancien hôtel de
Lubert. « C'est de tous les marchands, dit le *Guide des Amateurs,* celui qui a le plus voyagé dans les pays étrangers. C'est
par la multiplicité de ses voyages et de ses connoissances qu'il
est parvenu à doubler en quelque sorte le nombre des chefs-
d'œuvre qui ornent les cabinets de cette capitale... M. Le Brun
s'est conservé pour sa propre jouissance et celle de son épouse,
qui réunit aux charmes de la figure l'esprit le plus orné et le
plus grand talent en peinture, un choix de tableaux de la plus
grande beauté des Maîtres les plus célèbres des trois Écoles,
des dessins exquis et rares, de riches portefeuilles d'estampes,
des bronzes antiques égyptiens, grecs et romains; une suite de
camées et pierres gravées, d'une parfaite conservation; quantité
de vases d'agathe, de jaspe et de lapis, richement montés; de
précieux morceaux de laque, une collection de coquilles et de
minéraux du premier choix, de superbes meubles de Boule, et
nombre d'objets curieux et intéressans. »

L'accord ne régna pas longtemps dans le ménage de Le Brun :
les mauvaises langues jasaient des assiduités du comte de Vaudreuil et de M. de Calonne : on répandit le bruit que ce dernier

Cette Jatte, extraordinaire par sa forme, est intéressante par le blanc de sa pâte, la richesse et la singularité de ses dessins.

Le comte de Duras[1] . . . .   179 *liv.* 19 *s.*

55 Une autre Jatte de bon genre à cinq côtes à festons, bord brun, bouquets en dedans, oiseaux et ramages en dehors, sur socle de brocatelle; hauteur de la jatte, 3 pouces 3 lignes sur 6 pouces 9 lignes de diamétre; socle, 5 pouces en carré sur 13 lignes d'épaisseur.

Le président Haudry, du siége d'Orléans[2] . . .   30 *liv.*

---

avait offert à Mme Le Brun le *Moulin Joli*, ancien séjour de Watelet, chanté par Delille dans ses *Jardins*. On fit même circuler des couplets où le célèbre ministre s'exprimait ainsi :

> J'ai dissipé les trésors de la France!
> D'A***, *Le Brun* et d'autres sont contens;
> . . . .

Le Brun faisait encore des ventes sous l'empire : il avait alors de nouveaux concurrents, tels que Regnault Delalande, H. Delaroche, Ch. Élie, Constantin, Clisorius, qui tenait le « Grand Magasin de Curiosités et beaux Meubles, rue Neuve-Saint-Roch, » Bénard, etc. Il mourut en 1814, peu de temps avant Al. Paillet, qui fit, la même année, la vente de son confrère.

1. L'hôtel de Duras, construit sur les dessins de Boffrand, était au numéro 16 de la rue du Faubourg-Saint-Honoré, entre les rues de Duras et d'Aguesseau, non loin de l'hôtel d'Armaillé.

2. Le nom de ce curieux se trouve souvent dans les anciens catalogues. Son cabinet dut être vendu à l'époque de la révolution; nous en avons vu le catalogue imprimé à Orléans (sans date)

56 Une autre Jatte à huit pans, l'intérieur à sujet de
tigre arbustes, avec rebord à broderie fond vert, l'extérieur à ramages et bord brun, posée sur socle de
vert antique; hauteur de la jatte, 3 pouces 6 lignes
sur 6 pouces 9 lignes de diamétre; socle, 3 pouces
6 lignes en carré; épaisseur, 10 lignes.

Il est dommage que cette Jatte, de sorte méri-
tante et peu commune, se trouve seule.

Julliot, pour le prince de Bauffremont [1].   .   .   96 *liv.*

57 Un Pot à l'eau couvert, à ramages, garni de cercle
et charniere d'or avec sa jatte, à bord brun, à cinq
pans arrondis et à ramages, tant en dedans qu'en dehors; hauteur du pot, 8 pouces; celle de la jatte,
4 pouces sur 9 de diamétre.

Ces deux pieces sont estimables par leur belle
qualité, elles pourroient peut-être se regarder

---

sous ce titre : « Belle collection de tableaux originaux des plus
grands maîtres de différentes écoles ; dessins, gouaches et gravures sous verre ; figures en bronze, terres-cuites ; meubles de
marqueterie par Boule ; Vieux laques, porcelaines anciennes
et autres objets précieux, composant le cabinet de feu le Cen
Haudry. A vendre, s'adresser à Orléans, place de la Réunion,
numéro 4.

Outre le président Haudry, la ville d'Orléans possédait encore quelques amateurs, notamment « M. Campion, directeur
des Fermes, et M. Desfriches, négociant, amateur et dessinateur. » (*Almanach historique*, etc., 1776.)

1. L'hôtel de Bauffremont était situé rue d'Anjou, à côté de
celui de Nicolaï.

aujourd'hui seulement comme meuble usuel;
mais les curieux en ont toujours fait grand cas,
ce qui les déterminoit à leur donner une garniture riche; il est encore des amateurs qui par
estime pour ce bon genre les placent avec plaisir dans leur Cabinet.

Julliot. . . . . 151 *liv.*

58 Deux Pagodes intéressantes par leur beau fond
blanc et le varié du dessin de leur draperie; hauteur,
11 pouces.

Julliot. . . . . 38 *liv.*

59 Deux autres Pagodes semblables aux deux précédentes; hauteur, 11 pouces.

Le comte de Duras[1]. . . . . 28 *liv.*

60 Deux Oiseaux de proie, dont un coiffé de son chaperon, perchés sur tronc brunâtre de même porcelaine,
garnis de pieds à godron de bronze doré; hauteur,
16 pouces.

Ces deux Oiseaux et les deux suivants ont du
caractère; ils sont d'un genre rare et curieux
par le fini et l'agréable variété de leur plumage.

---

1. Il habitait une partie de l'hôtel du maréchal duc de Duras,
rue du Faubourg-Saint-Honoré, numéro 16.

Julliot, pour la marquise de Lède [1]. . . . . . 540 *liv.*

61 Deux autres Oiseaux pareils aux deux précédents et
même garniture; hauteur, 16 pouces.

Julliot, pour la marquise de Lède. . . . . . 401 *liv.*

62 Deux Coqs béquetant du grain, chacun grouppé sur
une feuille de vigne de même espèce; posés sur un
plateau carré à pied élevé et à bord brun de pareille
porcelaine fond blanc; à cartouches fond vert et à
ronds rouges formant espece de médaillon sur les
angles.

Ces deux Animaux de sorte très estimée et
peu commune, plaisent, tant par l'action, qui
est bien exprimée, que par la diversité du coloris piquant de leurs plumes.

Julliot, pour le vicomte de Choiseul [2]. . . . 528 *liv.*

---

1. La marquise de Lède habitait rue de Grenelle-Saint-Ger-
main, numéro 117.

2. Beau danseur et poëte. C'est sur lui qu'on avait fait le
couplet :

> Le plus ingrat, le plus bas,
> C'est le Choiseul aux entrechats.
> Mais quoi qu'on ne l'estime pas,
> A danser on l'invite.
> Pour les *saults*, pour les *sots*.
> Il a du mérite...

Le comte de Choiseul Gouffier, auteur du *Voyage pittoresque
en Grèce*, avait aussi une collection d'antiquités, dont une partie
est au Musée du Louvre.

63. Deux autres Coqs, de bonne espece, agréablement
panachés, placés debout sur une terrasse de même
genre, garnis de pied à godron de bronze doré; hauteur, 10 pouces 6 lignes.

Delorme. . . . . 170 *liv.*

64 Quatre petits Coqs, aussi debout sur leur terrasse de
même porcelaine, garnis de pied à godron, avec petits feuillages de bronze doré, sur socle de brocatelle
d'Espagne; hauteur sans les socles, 4 pouces.

Ces Coqs séduisent par leur agréable espece,
qui n'est pas ordinaire ; il est fâcheux qu'il y
en ait deux de très-endommagés.

Le Brun. . . . . 23o *liv.*

65 Un Hibou, sur un tronc pris dans la porcelaine
d'une large terrasse contourée, dont le dessus est enrichi de divers dessins coloriés; la tête de l'oiseau est
endommagée.

Julliot. . . . . 12 *liv.*

66 Deux Pots pourris, ronds, de sorte particuliere,
à quinze petits pans à mosaïque, dont trois pans
chacun de couleur différente, et variés ainsi alter-
nativement par les mêmes couleurs sur le pourtour,
comme sur le couvercle, terminé par un petit bouton
rouge pris de relief dans la porcelaine, garnis de
gorge à frise d'ornement et de pied à quatre consoles
de bronze doré, avec leur socle de jaune antique;
hauteur, 5 pouces 8 lignes ; diamétre, 3 pouces 9 lignes.

Paillet, pour le Roi. . . . . 230 *liv.*

67 Deux autres Pots pourris, pareils aux deux précédents, garnis de gorge unie, percée à jour, et de pied à trois consoles de bronze doré; avec leur socle, marbre d'Écosse.

Paillet, pour le Roi. . . . . 420 *liv.*

68 Deux mortiers de premiere grandeur, à bord brun, avec rebord à broderie en dedans, bouquet et tige de fleurs sur chaque pan, avec leur plateau octogone de même porcelaine à bord brun et à sujet de perdrix; les deux mortiers sont ornés de quatre consoles très-élevées servant aussi d'anses, formées chacune par deux serpents entrelacés dont les queues descendent sur le bord du plateau; chaque mortier, orné de guirlandes en grains de perles, est soutenu par un culot suspendu par quatre chaînons tenant au corps des serpents, dont les têtes font ornement sur les bords des mortiers; hauteur, 6 pouces 6 lignes, y compris la garniture de bronze doré d'or mat et les plateaux; diamétre des mortiers, 5 pouces; celui des plateaux, 9 pouces.

Ces morceaux sont intéressants, tant par leur belle qualité que par l'ensemble particulier et riche de leur garniture.

Quénet, pour le duc de Villequier [1]. . 1,199 *liv.* 19 *s.*

---

1. Quénet était un marchand de tableaux et de curiosités; l'*Almanach historique* donne son adresse : rue Poissonnière. Il

69 Un Mortier octogone, à bord largement rabattu, à sujet de dragons et à tige de bouquet sur chaque pan, posé sur un trépied à quatre consoles ouvragées, terminées à griffe de Lion, liées par trois bandeaux à postes, surmontées chacune de tête de Griffon à léger rinceau d'arabesques figurant anse, sur quatre des pans, et les quatre autres ornés de chaînons formant guirlandes, le tout doré d'or mat; hauteur, y compris le trépied, 7 pouces 9 lignes; diamétre du mortier, 4 pouces.

Ce morceau, très agréable par son espece et le bon genre de ses ornements, est placé sur un socle de jaspe vert.

Paillet, pour Abraham[1]. . . . . 292 *liv.*

70 Deux mortiers de troisieme grandeur, à huit pans, bord brun, bordure à broderie en dedans, et à tige de bouquet sur chaque pan, garnis de pied à bandeau brêté et à quatre consoles de bronze doré d'or mat, avec deux soucoupes à côtes et à pagodes de même

---

est souvent mentionné parmi les acheteurs, dans le procès-verbal de la vente du prince de Conti (1779), dont nous possédons le manuscrit authentique.

1. Ce personnage, dont le nom revient plusieurs fois ici, était sans doute un de ces marchands de curiosités qui pullulaient à Paris, à l'époque de la vente du duc d'Aumont; « leur nombre, dit Joullain, avait augmenté insensiblement au point de surprendre, d'autant plus que l'on pouvait à peine soupçonner d'où ils étoient sortis en si peu de tems. »

porcelaine; hauteur, y compris, le pied, 4 pouces; diamétre, 3 pouces 6 lignes.

Ces deux mortiers et les trois suivants sont de sorte estimée, par leur belle qualité, par leur forme et le bord brun.

Paillet, pour Abraham. . . . . 154 *liv.*

71 Deux autres Mortiers, de même forme, dessin, garniture et hauteur, avec les deux pareilles soucoupes de l'article précédent.

Paillet, pour le duc de Chabot. . . . 199 *liv.* 19 *s.*

72 Un mortier octogone de deuxième grandeur, à bord brun, bordure dans l'intérieur, dont quatre pans à pagodes et les autres à bouquet sur le pourtour extérieur; garni de pied à bandeau à fil de perles et à quatre consoles à tête de bélier avec chaînons formant guirlandes, de bronze doré d'or mat, et socle de jaspe vert; hauteur, y compris la garniture et le socle, 5 pouces 4 lignes; diamétre, 4 pouces 4 lignes; ce mortier a une légere félure sur un pan.

Paillet, pour Abraham. . . . . 178 *liv.*

73 Deux autres mortiers à huit pans à dessin vert sur le bord largement rabattu, et à sujet courant de fleurs sur le pourtour; garnis de pied à quatre consoles de bronze doré, placés sur soucoupe de même porcelaine, à oiseaux et bouquets; hauteur des mortiers avec leur pied, 5 pouces 3 lignes; diamétre 4 pouces.

M. Naigeon [1]. . . . .   124 *liv.* 1 *s.*

74. Six Tasses forme de seau, à bord brun, à huit pans
dont quatre à broderie rouge, les autres à bouquet,
avec leurs soucoupes creuses aussi à huit pans et
même dessin.

Ces douze pieces et celles des trois articles
suivants sont d'une sorte très rare et recherchée en ce genre, par le singulier du dessin et
par celui de leur forme : il est extraordinaire de
trouver un tel assortiment en cette belle espece.

Julliot, pour le comte de Merle. . . . . .   2o3 *liv.* 2 *s.*

75 Six autres Tasses et Soucoupes de mêmes qualité,
forme et dessin que les précédentes.

Julliot, pour le comte de Merle. . . . . . .   212 *liv.*

76 Six autres Tasses et Soucoupes semblables.

---

1. Naigeon (Jean-André), cet athée bien connu, était grand ami
de Diderot et du baron d'Holbach. Ses habitudes et son caractère étaient assez singuliers : on fit sur lui les vers suivants, qui
furent insérés dans le *Journal de Paris* (1782, n° 327).

> Je suis savant, je m'en pique,
> Et tout le monde le sait ;
> Je vis de métaphysique,
> De légumes et de lait ;
> J'ai reçu de la nature
> Une figure à bonbon,
> Ajoutez-y ma frisure;
> Maintenant, cherchez mon nom.

Le duc de Richelieu[1]. . . . .   401 *liv.*

77 Quatre autres Tasses et Soucoupes pareilles aux dernieres.

Paillet, pour le duc de Villeroi[2]. . . . . . .   22 *liv.*

78 Deux Théïeres singulieres, de bonne qualité, forme de baril, à petit collet avec couvercle et à dessin de branchages de fleurs sur leur pourtour, garnies de bouton, gorge, à cannelures et fil de perles, bec et pied à feuilles d'ornement de bronze doré, posées sur

---

1. Il était né en 1696, et avait par conséquent quatre-vingt-six ans à l'époque de la vente du duc d'Aumont; deux ans avant, il s'était marié pour la troisième fois. L'hôtel de Richelieu, dont les appartements étaient magnifiques, avait son entrée rue Neuve-Saint-Augustin, en face de celle d'Antin; on voyait dans le jardin deux belles statues de marbre : les *Prisonniers* de Michel-Ange, qu'on croit avoir été données par François Ier au connétable Anne de Montmorency, et qui restèrent jusqu'en 1632 à Écouen. « Elles en furent enlevées pour être transportées dans le château de Richelieu, en Poitou. Ce fut le dernier maréchal de ce nom, dit M. Henry Barbet de Jouy dans son excellente *Description des sculptures modernes du Louvre,* qui les fit transférer à Paris dans le jardin de son hôtel, et sa veuve les avait fait placer dans une maison qu'elle habitait au faubourg du Roule; c'est là qu'en 1793, M. Alexandre Lenoir les trouva abandonnées dans une écurie, en empêcha la vente, et les acquit à l'État. »

Le duc de Richelieu mourut en 1788, à l'âge de quatre-vingt-douze ans. Au mois de décembre de la même année, eut lieu la vente de ses tableaux, portraits, miniatures, estampes, figures, porcelaines, meubles, etc. Nous en avons le catalogue, rédigé par J. Folliot, Regnault Delalande et Ph. Julliot fils.

2. Capitaine des gardes du corps.

plateau de même porcelaine à sujet de Cigognes
et arbustes ; hauteur des théïeres, 7 pouces 6 lignes ;
diamétre des plateaux, 8 pouces 3 lignes.

Paillet, pour le duc de Richelieu. . . . . . . 436 *liv.*

79 Deux Bouteilles à étroit et long goulot, à panse
forme de poire, très agréable par un dessin courant
de petites rosettes et bouquets sur leur pourtour ;
garnies de pied à godron de bronze doré ; hauteur,
10 pouces.

Le comte de Merle. . . . . 180 *liv.*

80 Deux autres Bouteilles pareilles aux précédentes, et
même garniture ; hauteur, 10 pouces.

Le président Haudry. . . . . 199 *liv.* 19 *s.*

81 Deux Bouteilles aussi à long goulot, à panse ronde, à
fleurs coloriées et à terrasses bleu uni ; garnies de
bord et pied à godron de bronze doré, sur leur
socle de jaune antique ; hauteur sans le socle, 8 pouces
6 lignes.

Julliot, pour le comte de Merle. . . . . . 120 *liv.*

82 Deux grands Gobelets à bord festonné, forme de seau,
à bouquets en dedans et à fleurs et feuillages en dehors,
avec leur soucoupe aussi de même porcelaine à bord
festonné, à dessin vert et fleurs.

Chevalier [1] . . . . 20 *liv.*

---

1. Marchand de tableaux. L'*Almanach des Artistes* (1777)
donne son adresse : rue des Fossés-de-monsieur-le-Prince.

83 Un grand Gobelet à fleurs et feuillages, doublé d'or sur une soucoupe de même genre de porcelaine à dessin vert et fleurs; le gobelet est endommagé.

Non vendu, ayant été volé.

84 Deux Cassolettes rondes, à sujets de fleurs sur le pourtour, et le couvercle à lion de relief pris dans la porcelaine, garnies de gorge à entrelacs à jour, et pied à quatre consoles de bronze doré; hauteur, y compris les ornements, 5 pouces, 6 lignes; diamétre, 3 pouces 6 lignes; un des couvercles a été raccommodé.

Paillet. . . . . 43 *liv.*

85 Un Sucrier noué sur le couvercle, en forme de ballot, nommé communément à mouchoir, et à dessin de fleurs, avec deux pots à pâte, couverts, à légers dessins sur leur couvercle et pourtour; un des pots est endommagé.

Le sucrier est d'une sorte rare, qui a été toujours particulièrement recherchée par les amateurs.

Le comte de Merle. . . . . 23 *liv.*

86 Quatre petites Jattes rondes, dont deux à bord brun de bonne sorte, à trois bouquets en dedans, terrasses et ramages en dehors; les deux autres sont à dix pans, mosaïque sur le bord intérieur, terrasses bleu uni et fleurs coloriées en dehors.

Le président Haudry. . . . . 59 *liv.*

87 Une Cassolette à bord rabattu, à anse carrée de chaque côté, à trois pieds élevés pris dans la porcelaine, fleurs et feuillages sur le pourtour, et le couvercle surmonté d'un lion de relief, avec trois grandes soucoupes de même espece de porcelaine.

Payant[1]. . . . .   13 *liv.* 6 *s.*

88 Trois Plateaux de belle sorte, dont deux à douze pans et bord brun, bordure à vignettes, cigogne et arbustes dans le fond ; l'autre à huit pans avec le bord brun, bordure à espece de dentelle, et le dedans à perdrix, légers arbustes et fleurs ; un des deux premiers est endommagé, et le dernier un peu égrainé du bord.

Legère. . . . .   20 *liv.* 4 *s.*

89 Un Gobelet forme de seau, à petite bordure haut et bas, avec ramages de fleurs, et trois tasses à huit pans sur leurs soucoupes à très légers dessins de fleurs et feuillages ; ces sept pieces sont de bonne sorte.

Paillet. . . . .   45 *liv.*

90 Trois Soucoupes de bon genre, dont deux grandes forme ronde et à côtes, à sujets d'oiseaux, cigognes et fleurs ; l'autre en espece d'ovale à quatre pans dont le fond est gaufré, avec trois tasses et soucoupes rondes,

---

1. Cette expression, qui signifie inconnu *payant*, se retrouve très-souvent sur les catalogues de curiosités et de tableaux du siècle dernier.

à dessin repeint et imité en Hollande sur ceux de l'ancienne porcelaine.

Julliot. . . . . 24 *liv.*

91 Un Sucrier à douze pans à branchages et fleurs, et quatre Tasses, dont deux de bonne espece à huit pans, forme de mortier, à tige de bouquet sur chaque pan, avec leur soucoupe aussi à huit pans, bord brun et à léger dessin ; les deux autres rondes à petites fleurs et feuillages, sur soucoupe à bord brun à gerbes et arbustes.

Julliot. . . . . 19 *liv.* 19 *s.*

92 Cinq Tasses, quatre Soucoupes, un Sucrier à douze pans, couvert, endommagé, le tout d'ancienne coloriée, et deux autres tasses avec leurs soucoupes, à huit pans, bord brun dont les sujets à pagodes et autres dessins sont repeints et imités en Hollande sur ceux de l'ancienne porcelaine.

PORCELAINES D'ANCIEN JAPON DE COULEUR.

Cette deuxième sorte de porcelaine du Japon a toujours été goûtée par la bonne qualité et les formes intéressantes de ses morceaux supérieurs : le grenu de sa pâte est plus sensible que celui de la premiere, son fond blanc et la nuance verte des dessins en sont aussi plus foncés, le ton rouge est vif et d'un beau mat; les pieces que nous présentons ici en cette qualité sont de genre à satisfaire les amateurs.

Quant aux autres classes nommées nouveau Japon, nous croyons inutile d'en parler, n'y ayant point de ce genre dans cette Collection.

Payant. . . . .   12 *liv.* 10 s.

93 Deux Vases ronds, à sujet de chimere, fleurs coloriées, feuillages d'un vert tendre entre deux especes de plate-bande d'un beau fond rouge sur chaque face de la panse ; le surplus est à dessin courant de feuillages bleu uni avec cartouches par bas à fleurs coloriées, et même genre de dessin sur le couvercle, surmonté d'un coq de relief pris dans la porcelaine ; ils sont garnis de gorge à cannelures et à feuilles d'ornement, d'anses carrées à tête de Bacchus, genre de Satyre, et de piédouche avec plinthe carrée de bronze doré ; hauteur, y compris la garniture, 21 pouces 6 lignes ; diamétre, 12 pouces 9 lignes.

Ces deux Vases sont d'un effet intéressant par leur espece et l'ensemble de leurs ornements.

Abraham. . . . .   1,201 *liv.*

94 Deux grands Vases de forme *lisbet* [1] fond bleu et or, à cartouches fond blanc de petite pagode avec fleurs et feuillages sur la surface, enrichis de panneaux à fleurs avec feuillages sur le pourtour de la panse ; garnis de gorge, anses à console portant anneaux de

---

1. On nomme *lisbet* un vase à grosse panse, qui est dégagé du collet et du pied. (Note de Julliot et Paillet.)

laurier, et de pied à feuilles d'ornement de bronze
doré ; hauteur, 27 pouces, sur 11 pouces de diamétre.

Ces deux morceaux de marque, par leur
bonne qualité, par la belle simplicité de leur
forme et le riche de leurs ornemens réguliers,
sont du nombre des plus capitaux en cette sorte.

Madame Rondet.. . . . . 2,400 *liv.*

9 5 Un Pot pourri, presque carré, à branchages entrelacés avec roses et feuillages présentant un berceau
fort agréable ; garni de pied à godron de bronze doré,
et placé sur socle de granit rose ; hauteur, 6 pouces,
sur 5 pouces de diamétre.

Ce morceau, de genre peu répété, plaît tant
par la variété et le vif du coloris que par sa
forme.

Paillet, pour M. Harand de Presle [1]. . . . 241 *liv.* 1 *s.*

---

1. Thiéry donne une description détaillée du cabinet de ce
curieux, situé rue du Sentier, numéro 24 ; il conduit d'abord
le visiteur dans la bibliothèque, où il lui fait admirer, outre de
très-beaux tableaux, de charmantes terres cuites de *Sarrazin,
Le Pautre, François Flamant, Mignot, La Rue, Bouchardon
et de M. Clodion,* et des vases de porcelaine et de marbre.

« Le sallon où l'on passe ensuite est magnifiquement décoré
de glaces et de dorures. Dix consoles superbement dorées y
soutiennent des vases et des figures de marbre copiés, d'après
l'antique, par les meilleurs Maîtres ; une Hébé en marbre par

96 Une espèce de Buyre, ou théïere oblongue, à étroit
collet avec couvercle, à deux dragons coloriés d'un
vert tendre, et pris de relief dans la porcelaine ; l'un
sert d'anse, l'autre de bec, le pourtour de cette buyre
est fond sablé petit gris, à broderie et feuillages blanc

Saly ; une riche garniture de cheminée, avec la pendule, d'ancienne porcelaine violette, et des vases de porcelaine ancienne
de diverses couleurs, ornés de bronzes dorés d'or moulu.....

« Du sallon on communique au cabinet..... L'on aperçoit dans
une armoire de Boule, dont les portes sont de glaces, quantité
de vases d'agathe, de crystal de roche et autres pierres précieuses, ainsi que des porcelaines de première qualité, et des
coquillages d'un beau choix et riches en couleurs..... La cheminée est garnie d'une superbe jatte de jaspe sanguin, de dix
pouces de diamètre, soutenue par trois enfants de bronze doré
d'or moulu, portés sur un socle de jaspe monté en bronze ;
d'autres vases de porcelaine jaune, montés *idem*, et deux autres
de laque, sur deux fûts de colonnes de serpentin..... On trouve
encore dans cette pièce de superbes meubles de Boule, deux
gros vases de porphire rouge, avec ornemens de bronze doré ;
quatre magnifiques vases d'ancienne porcelaine du Japon sur consoles de marqueterie de Boule, et quantité d'autres vases d'ancienne
porcelaine, de granit rose et gris, le tout enrichi de bronze doré
d'or moulu ; des bustes en marbre par *Vassé* et *le Lorrain*, et
un petit modèle en marbre de l'Apollon des bains de Versailles,
par *Girardon* ; un lustre de crystal de roche.

« Dans la chambre à coucher..... deux grands vases de porcelaine d'ancien Japon, de première qualité, et autres porcelaines,
pendules de Boule, et meubles magnifiques du même.

« Le petit cabinet qui est ensuite contient des armoires, guéridons, bureau et autres meubles de Boule ; un très-beau et
riche coffre de pierres de Florence rapportées en relief et richement montées ; vases de porcelaines de toutes espèces, et des
plus rares ; pendules, etc. Une cage de verre renfermant plusieurs boîtes montées et garnies d'or, ornées de miniatures, par

en demi relief, garnie de pied en rocailles de bronze doré; placée sur socle de jaune antique; hauteur sans le socle, 9 pouces, sur 5 pouces 6 lignes de diamétre.

Ce morceau est de sorte rare et de la forme la plus singulière.

Julliot, pour le Roi. . . . .   5oo *liv.*

97 Un Pot pourri ouvrant à deux gradations, panneau à jour sur les faces, à oreille en coquille prise de chaque côté, dans la porcelaine, de fond jaunâtre foncé, tracé en espece de petits carreaux, et nuancé de légers dessins brun, garni aux deux gradations de cercles à godron, chainons, et de trois supports en rocailles de bronze doré, posé sur socle de jaune antique ; hauteur, 8 pouces 3 lignes; diamétre, 6 pouces.

Ce morceau est curieux par le particulier de son genre et de sa forme.

Donjeux, pour le comte de Choiseul. . . . .   140 *liv.*

98 Deux Aigles fond gris, la tête et le col de chacun fond blanc, leur plumage parfaitement rendu , et montés sur rocher de même porcelaine; ils sont gar-

---

Massé, la *Rosalba*, *Hall* et autres; des émaux, par Petitot et Rouquet, etc. »

Le cabinet de M. Harand de Presle est également mentionné dans l'*Almanach historique*, etc., de 1777.

nis de pied rond, à bandeau brêté, à quatre carrés à rosettes avec boules à côtes de bronze doré ; hauteur, y compris le pied, 23 pouces 6 lignes.

Ces deux morceaux sont importans par leur qualité et le caractere bien exprimé de chaque oiseau ; il seroit difficile d'en trouver d'une aussi grande perfection.

Le comte de Merle [1]. . . . . 1,500 *liv.*

99 Une Caisse, carré long, le couvercle bombé découpé à jour, les faces fond vert relevées chacune de dragons et mosaïque, les côtés fond rouge et or à tête d'Éléphant saillante, servant d'anse et prise dans la porcelaine ; longueur, 5 pouces 3 lignes ; hauteur, 3 pouces 6 lignes.

Ce morceau est piquant par sa forme et la diversité de ses vives couleurs.

Le Brun [2] . . . . 228 *liv.*

100 Deux autres Caisses aussi carré long ; leur couvercle est plein et uni, à dessin coloré, terminé par un Écureuil de relief, les faces à deux panneaux, l'un fond vert relevé de dragon, l'autre à rosettes bleu sur un fond rouge, les côtés aussi fond rouge à dessin vert avec tête d'Éléphant en saillie, servant d'anse et

---

1. A la vente du comte de Merle, en 1784 : 800 livres.
2. A la vente Le Brun, en 1791 : 60 livres.

prise dans la porcelaine; longueur, 5 pouces 3 lignes ; hauteur, 3 pouces 8 lignes.

Paillet, pour le duc de Chabot. . . . . 431 *liv.*

101 Deux Jattes rondes, à bord formant huit pans peu sensibles, l'intérieur à quatre cartouches; espece de médaillon à fleurs et feuillages, avec *modele* [1] dans le fond, l'extérieur à dessin bleu uni et fleurs coloriées; diamétre, 8 pouces 6 lignes.

Le duc de Richelieu. . . . . 37 *liv.*

102 Six Tasses et leurs Soucoupes, à sujet de pagodes et à riche dessin de feuillages avec une théïere japonnée, garnie de cercle et chaînons de vermeil.

Le duc de Richelieu. . . . . 3o *liv.* 2 *s.*

103 Trois Saladiers, dont deux de belle sorte à douze pans, à cartouches fond vert à oiseau de paradis, bouquet avec *modele* en dedans ; le dehors à espece de médaillon rouge avec bouquet et fleurs, et le troisième plus grand aussi à douze pans, à trois cartouches et médaillons d'un beau ton rouge sur un dessin à mosaïque fond vert et rouge, avec terrasse et dessin en bleu uni dans le fond ; diamétre des deux premiers, 8 pouces 9 lignes; celui du troisiéme, 9 pouces 9 lignes.

---

1. On nomme communément.*modele* tout dessin sur la porcelaine qui représente un vase ou un pot de fleùrs (Note de Julliot et Paillet). Ces modèles sont des symboles religieux en usage chez les Chinois.

104 Deux Jattes de bonne qualité, à côtes festonnées,
dont cinq arrondies et dominant en espece de feuilles
d'artichaut, à broderie bleu uni relevée par un dessin
à mosaïque tracé de rouge avec des rosettes coloriées
en dedans, et le dehors à cinq oiseaux de paradis ;
diamétre, 7 pouces 6 lignes.

Le duc de Richelieu. . . . .   42 *liv.*

105 Deux autres Jattes pareilles aux deux précédentes ;
diamétre, 7 pouces 6 lignes.

Le duc de Richelieu. . . . .   38 *liv.*

106 Une autre Jatte un peu égraînée du bord, semblable aux deux dernières, avec deux plateaux à divers sujets colorés et à branchages bleu uni.

Le duc de Richelieu. . . . .   25 *liv.*

107 Quatre Compotiers à quatre pans arrondis sur les
angles, à bord rabattu, bordure fond rouge relevé de
bleu, l'intérieur à quatre cartouches fond blanc à
branchages bleus, séparés par quatre autres d'un
beau ton rouge à rosettes et feuillages bleus, garnis
de bord d'argent travaillé à godron ; un de ces morceaux est endommagé ; diamétre, 9 pouces.

Ces quatre pieces sont de sorte supérieure et
de forme peu commune.

Benoît. . . . .   120 *liv.*

108 Quatre plats ronds de belle espece, à huit cartouches, dont quatre ovales et les autres en hauteur,
d'un beau fond rouge sur un dessin vert à mosaïque,

avec terrasse et dessin bleu uni dans le fond, le dehors à huit autres cartouches pareils à ceux de l'intérieur; diamétre, 12 pouces.

Julliot. . . . . 80 *liv.*

109 Un autre grand Plat fêlé, garni de bord à oves et
pied uni d'argent.

M. Gibert[1]. . . . . 78 *liv.* 19 *s.*

PORCELAINES D'ANCIEN CÉLADON DU JAPON.

Cette premiere qualité de porcelaine céladon
a été estimée de tout temps par le simple de ses
formes, et le ton de sa précieuse couleur, soit
fond olive velouté, ou de ce ton clair dont le
flou plaît. Les morceaux de genre supérieur que
nous annonçons en ces deux différents tons de
couleur sont tous dignes d'être placés dans les
Cabinets du plus grand choix.

110 Deux Vases, en forme de baril, à têtes de chimere,
avec anneaux en relief saillant pris dans la porcelaine,
garnis d'une gorge décorée à bord à godron et épis
avec arcades entrelacées, enrichies de fleurons, travaillée des deux côtés à jour, cordon à fil de perles et
moulures à feuilles d'eau, de serpents faisant enrou-

---

1. Nous voyons ce nom sur plusieurs catalogues anciens :
c'était probablement un marchand.

lements des côtés sur le bord de la gorge, qui descendent poser leur tête sur deux cornets d'abondance à rinceau d'arabesque, avec autres ornements faisant le couronnement des têtes de chimeres, et par cet ensemble forment anses aussi agréables que particulieres ; ils sont supportés chacun par un pied à moulures à feuilles d'eau et laurier avec quatre sphinx ailés et à rinceau d'arabesque et guirlandes de perles ; le tout posé sur un socle de même sorte de porcelaine céladon entouré d'un fil de perles ; bandeau à branchages de feuille de vigne et raisins, terminé par une moulure à fil de perles, feuilles d'eau et platebande unie et plinthe de porphyre, avec boules, le tout doré d'or mat, G. ; hauteur, 18 pouces, sur 13 de diamètre.

Ces deux morceaux, dignes de satisfaire le goût de tout amateur par le mérite de leur rare espece, sont très importants par la forme gracieuse que l'artiste a imaginé d'y donner, et par le bel effet de leurs ornemens, aussi riches que recherchés ; ces deux pieces d'ancienne sorte sont les seules en ce genre que l'on ait vues depuis 40 ans.

Julliot, pour le Roi. . . . . 7,501 *liv.*

111 Deux autres grands Vases de forme nommée *lisbet*, à large bord rabattu, le collet entouré de trois baguettes, le pourtour à fleurs et feuillages, et la partie inférieure à côtes figurant des roseaux ; le tout en

demi relief, garni de bord à oves, pied à tore de rosettes avec plinthe à bandeau breté et rosasses de
bronze doré; hauteur, 30 pouces; diamétre de la panse,
12 pouces.

Ces deux Vases sont capitaux par l'imposant
de leur forme et par l'excellente qualité de leur
genre; il seroit difficile d'en trouver d'aussi
bien assortis.

Julliot, pour le Roi. . . . . 2,000 *liv.*

112 Une Jâtte fond clair, à ramages variés de couleur
en dehors, à dessin de poisson en dedans; du fond de
cette Jatte sort un tronc mobile à branchages et roses
colorés qui forment bouquet; elle est garnie de pied
en bronze doré; diamétre de la Jatte, 9 pouces; hauteur avec le bouquet, 9 pouces.

Ce morceau est curieux par sa sorte et le
particulier de son agréable ensemble. Il a été
au Cabinet de M. le Comte de Fontenai, et
vient de celui de M. de Jullienne.

Julliot. . . . . 197 *liv.*

113 Une Bouteille de belle couleur foncée, à anse saillante avec anneau, de chaque côté, pris de relief dans
la porcelaine, et à feuillages en demi relief sur la
panse; garnie de gorge à baguettes avec cannelures
et de pied à cul de lampe et à quatre griffes de lion de
bronze doré; posée sur socle octogone de marbre vert

d'Égypte ; hauteur sans socle, 12 pouces 6 lignes ; socle, 6 pouces en carré ; épaisseur, 14 lignes.

Cette Bouteille est remarquable par sa rare qualité et le simple de sa forme. Elle provient du Cabinet de M. de Gagnat.

Le marquis de La Grange [1]. . . . . 3oo *liv.*

114 Deux Vases à panse de *lisbet,* de ton foncé, fond gaufré et à feuilles de roseau en demi relief sur la partie inférieure. Ils sont artistement montés en buire, garnis chacun de collet en coquille servant de bec, enrichis d'une tête de faune à branchages de vigne et raisins, de fil de perle sur son pourtour, de laquelle les bords de côté servent d'appui à une figure de femme à pieds de satyre formant l'anse, et de pied à bandeau d'entrelacs à jour sur un fond couleur d'eau d'un agréable effet avec moulures à feuilles d'ornement, le tout bronzé d'or mat, placés sur socle de prime verte, G.; hauteur des Vases, 17 pouces ; socles, 6 pouces en carré ; épaisseur, 2 pouces.

Ces deux morceaux méritent attention, tant par le bon genre de leur espece que par le goût

---

1. Le marquis de La Grange fut nommé lieutenant général en 1784. La même année, il eut un procès très-scandaleux : acquéreur d'une terre, il en réclamait deux. « Aussi, disent les *Mémoires secrets,* l'appelle-t-on dans les sociétés *La Grange-Voltaire* (Vole-terre). »

séduisant et la perfection du fini de leur garniture.

Abraham. . . . . 2,600 *liv.*

115 Une Bouteille de bonne sorte, forme de calebasse, de fond clair à dragon blanc de relief serpentant sur chaque face de la panse; garnie de gorge, anse en console à baguettes torses de chaque côté, soutenue par une tête de faune, guirlandes à raisins, feuilles de vigne sur le collet, et pied-douche ouvragé de bronze doré; placée sur socle de jaspe vert; hauteur, 15 pouces; socle, 4 pouces en carré; épaisseur, 15 lignes.

M. Naigeon. . . . . 3o8 *liv.*

116 Un Vase forme de *lisbet*, à large bord rabattu, cartouches à feuillage en demi relief sur chaque face de la panse, le surplus du pourtour fond gaufré à mosaïque, garni de pied à bandeau à rosettes et godron de bronze doré; hauteur, 22 pouces.

Ce Vase, peu commun, est d'un effet sage et satisfaisant, par le régulier de sa forme et le ton foncé de sa couleur.

Julliot, pour le Roi. . . . . 3oo *liv.*

117 Un Rocher très-singulier, à petites fleurs bleues, avec singe et oiseaux, le tout de relief, placé sur un pied à godron de bronze doré; hauteur, 8 pouces.

Julliot. . . . . 78 *liv.*

118 Une Tour à plusieurs étages, de goût chinois, de

couleur foncée, s'ouvrant du milieu et formant cassolette, posée sur socle octogone de marbre vert
d'Égypte; hauteur, 13 pouces; socle, 6 pouces en
carré; épaisseur, 1 pouce.

Ce morceau, estimable par son genre, sa
forme et sa belle couleur, a été à M. le Comte
de Fontenai, qui en faisoit un grand cas, quoiqu'il eût un léger coup de feu sur un des toîts
de la face, et il vient de M. de Jullienne.

M. Destouches. . . . .   600 *liv.*

119 Deux Bouteilles d'un ton clair, à dessin blanc, à
oiseaux et fleurs en demi relief, placées sur plateaux
creux et évasés de même espece et dessin, le tout garni
de bord et pied à godron de bronze doré; hauteur des
Bouteilles, 10 pouces 9 lignes; diamétre des plateaux,
8 pouces 9 lignes.

Ces quatre pieces, bien assorties, sont de sorte
agréable et peu répétées.

Le duc de Villequier. . . . .   980 *liv.*

120 Un Buffle de ton clair, portant une pagode nommée
hôteuse, d'espece truitée, placé sur terrasse de porcelaine céladon colorée et singulièrement contournée,
sur laquelle est un petit magot assis de terre des
Indes, paroissant occupé à garder cet animal; hauteur, 10 pouces 6 lignes.

Julliot, pour la marquise de Champcenetz[1]. 1000 *liv.*

---

[1]. C'était la tante du célèbre chevalier de Champcenetz, un des

121 Deux petits Pots pourris, à oiseaux, feuillages sur
le couvercle, papillon de chaque côté de la panse, le
tout de relief et à légers ramages colorés sur leur
pourtour; garnis de bord à feuilles d'ornement, de
culot et piédouche de bronze doré d'or mat sur leur
socle de porphyre ; hauteur, 5 pouces 6 lignes.

Le Brun, pour le duc de Chabot. . . . . . . 290 *liv.*

122 Une Pagode, de ton clair, à gros ventre et riante,
tenant un écran, placée sur une terrasse brune à
roses blanches et feuillages bleus en relief saillant ;
hauteur, 9 pouces 6 lignes.

Cette pagode, bien drapée et de couleur douce,
est d'une attitude particuliere et d'un mérite peu
commun en cette qualité.

Le comte de Merle. . . . . 402 *liv.*

123 Deux Magots, de même ton de couleur que la pa-

---

auteurs des *Actes des Apôtres,* qui refusa d'émigrer pour ne pas
se séparer de ses livres. La marquise de Champcenetz figure
sous le nom de *Domitilla* dans la *Galerie des Dames françoises* (1790), où l'on vante sa beauté, tout en lui reprochant un
caractère trop impérieux. Plus prudente que son neveu, elle
quitta la France à l'époque de la Révolution, comme le montre
ce passage : «..... Les événements ont jeté *Domitilla* sur les
bords du Tibre, et c'est dans ces belles campagnes qu'elle re-
grette le tumulte de Paris. »

Greuze a fait le portrait de la marquise de Champcenetz, qui
a été gravé.

10

gode précédente, tenant un chaperon brun sur leurs genoux, placés sur terrasse brunâtre d'où sort un branchage épanoui à fleurs blanches de relief, contre lequel chacun est adossé; ils sont garnis de pied à godron de bronze doré, avec plinthe de vert antique; hauteur, compris les socles, 8 pouces 6 lignes.

Leur caractere naïf, leur espece et leur ensemble les rendent très intéressans.

Julliot, pour la marquise de Champcenetz. .   730 *liv.*

124 Un Plateau forme de coquille, de ton foncé, de rare espece, et à bordure d'un beau fond rouge surmontée de rosettes et feuillages bleu et or, l'intérieur à branchages violets et à fleurs coloriées, avec une tasse ovale en feuilles d'eau de ton clair et à relief.

Julliot. . . . . 15 *liv.*

PORCELAINES DE TRUITÉ FIN D'ANCIEN JAPON.

Cette sorte d'ancienne porcelaine truitée de premier genre est ordinairement d'un fond gris un peu foncé, nuancé de brun, et quelquefois à dessin vert et rouge; elle réunit des morceaux supérieurs dont les amateurs ont toujours admiré la singularité des différents sujets et des formes.

Il est aussi des pieces fond jaunâtre de truité fin, venant de la Chine, qui tiennent avec distinction leur place dans les Cabinets, par le particulier de leur espece et le piquant de leur coloris; il se trouve ici cinq articles de ce second genre, que nous mettons à la suite du premier.

125 Deux beaux Vieillards, à corsage fond gris nuancé de rosettes brunes et bleues, dont l'un prend sa barbe et l'autre tient un écran, chacun accompagné d'une biche à leur côté ; placés sur pied à frise, à entrelacs, à rosettes et à quatre gaînes de bronze doré avec socle de vert antique ; hauteur d'un, y compris le pied, 12 pouces 6 lignes ; l'autre, 11 pouces 6 lignes ; socle, 7 pouces 9 lignes de long sur 5 pouces 8 lignes de large ; épaisseur, 10 lignes.

Le caractere joyeux de ces Vieillards inspire une sensation agréable, et leur ensemble est des plus intéressants; il seroit difficile d'en trouver de cette espece.

Le comte de Merle. . . . . 1,890 *liv.*

126 Un Magot un peu courbé, fond gris, à caleçon nuancé d'un bleu tendre, et coëffé d'un bonnet bizarement plissé, tenant de sa main droite levée un maillet, de la gauche une besace, placé sur un balot et mis sur une espece de paquet en natte plié carrément; le tout de même porcelaine, posé sur un pied à entrelacs avec rosettes et boules de bronze doré et socle de jaune antique ; hauteur, y compris le pied,

11 pouces 6 lignes ; socle, 6 pouces de long sur 4 pouces 6 lignes de large ; épaisseur, 7 lignes.

Ce morceau, très rare par sa qualité, est des plus intéressants par son caractere plaisant et par son attitude très particulièrement exprimée[1].

La marquise de Champcenetz . . . .   2,400 *liv.* 12 *s.*

127 Un Vieillard coëffé d'un chapeau brun rabattu, monté sur un cheval dont la tête et le col sont inclinés, placés sur un pied à quatre consoles de bronze doré et socle de granit rose ; hauteur, y compris le pied, 9 pouces 6 lignes ; socle, 7 pouces 6 lignes de long sur 4 pouces de large ; épaisseur, 1 pouce.

Cette piece, d'un ensemble peu commun, est admirable par le caractere expressif du Vieillard et par la vérité de l'attitude du cheval, parfaitement rendue. Nous prévenons que l'animal est endommagé, ce qui est heureusement peu visible.

La princesse de Lamballe[2] . . . .   2,000 *liv.*

---

1. 600 livres seulement à la vente Le Brun (1791).

2. La princesse de Lamballe, *Sur-Intendante de la maison de la Reine et Chef du Conseil*, habitait l'hôtel de Toulouse, occupé aujourd'hui par la Banque de France. C'était un des plus beaux hôtels de Paris : « l'architecture, les peintures et les ameublemens en sont admirables, » dit *l'Indicateur parisien*. Thiéry en décrit minutieusement toutes les pièces : le vestibule, les antichambres avec leurs tableaux vénitiens, et leurs tapisseries d'après Lucas

128 Deux **Cornets**, fond gris, à raisins et touffe de
feuilles de vigne en relief saillant sur la face ; garnis de
bord, branchages aussi à feuilles de vigne et raisins,
de chaque côté, formant les anses, et pied à godron
de bronze doré ; posés sur socle de lumakelle ; hauteur, 9 pouces ; socle, 5 pouces en carré ; épaisseur,
7 lignes.

---

de Leyde ; la salle des Amiraux, ainsi nommée parce qu'on y
voyait le portrait de soixante-un amiraux ; la chambre des Balustres, la superbe galerie de cent vingt pieds de longueur qui
existe encore, etc., etc. Il nous conduit ensuite dans les appartements :

« La chambre à coucher de la Princesse, très-richement décorée, est ornée de deux tableaux ovales, par *François Boucher*, et
des médaillons en marbre du Roi et de la Reine sur les portes
qui conduisent au sallon. Sur la cheminée sont deux magnifiques
vases imitant le lapis, d'où sortent des girandoles de bronze
doré d'or moulu. On doit aussi remarquer le feu dont est décorée la cheminée. Le lit à la turque est placé entre deux colonnes sculptées et dorées.

« Le sallon de la Princesse, dont la boiserie, dans le genre mo-
derne, est peinte en blanc et or, est tendu de velours bleu de
ciel, avec des galons à franges d'or. Les portières et meubles
sont de même étoffe. Sur la cheminée sont placées, sur des piédestaux de marbre, des figures de femmes en bronze enfumé, soutenant sur leurs têtes des girandoles de bronze doré d'or moulu.
On y admire aussi un feu de même matière, et précieusement
fini. Sur les portes sont des arabesques en bas-reliefs sculptés
avec goût. »

Par une amère ironie, et comme si la Révolution avait voulu
punir après sa mort l'amie de Marie-Antoinette du goût pour les
raffinements de l'art qu'elle partageait avec la reine, la vente des
meubles de la liste civile, décrétée par la Convention, eut lieu à
Versailles, en 1793, « *dans un logement situé Cour des Princes
et occupé par la ci-devant princesse de Lamballe.* »

Ces deux morceaux singuliers, de sorte très ancienne, sont les seuls que l'on connoisse en cette forme : il y en a un qui se trouve un peu endommagé sur le derriere.

M. Harand de Presle. . . . . 3a5 *liv.*

1a9 Deux Ceps, aussi très-singuliers, en espece de pyramide renversée formant cornet; fond gris à branchages entrelacés avec feuilles de vigne coloriées et à calebasse, le tout en relief saillant; garnis de pied en bronze doré; hauteur, 9 pouces.

Le Brun. . . . . 245 *liv.*

130 Un Singe, fond gris légèrement nuancé de brun, assis les cuisses et les jambes alongées, tenant une plante avec son fruit; placé sur un coussin à glands, avec pied à quatre boules de bronze doré et socle de granit rose; hauteur, 7 pouces 6 lignes; socle, 7 pouces de long sur 5 pouces 6 lignes de large; épaisseur, 6 lignes.

Cet animal est un des plus estimables de son genre par sa parfaite qualité et par la vérité expressive de son caractere. Il vient de M. de Jullienne.

Le comte de Merle. . . . . 1,3g9 *liv.* 19 *s.*

131 Deux autres Singes assis, fond brunâtre nuancé de gris, chacun coëffé de chaperon de truité fin fond jaunâtre; posés sur pied à godron de bronze doré;

un d'eux a un pied endommagé ; hauteur, 9 pouces
9 lignes.

Le Brun, pour le comte de Vaudreuil[1] . . . 230 *liv.*

132 Deux Tinettes à oreilles, prises dans la porcelaine

---

1. Le comte de Vaudreuil, Grand Fauconnier de France, était
fils d'un gouverneur de Saint-Domingue enrichi dans son gou-
vernement ; il jouissait d'une grande fortune. C'était un homme
à la mode, causeur spirituel, aimant les artistes et les auteurs,
« qu'il réunissait souvent à sa table. » Sa figure était charmante ;
aussi les *Mémoires secrets* lui attribuent-ils malicieusement un
ouvrage supposé : *Une jolie mine mène à tout, dédié à la duchesse de Polignac.* Mme d'Hénin disait, assure Mme de Genlis,
que les deux hommes qui savaient le mieux parler aux femmes
étaient Le Kain sur le théâtre et M. de Vaudreuil dans le monde.
Un des intimes de Trianon, il y jouait *Almaviva* dans *le Barbier de Séville*, à côté de Marie-Antoinette, qui remplissait le
rôle de *Rosine*. C'était du reste le meilleur acteur de société de
Paris, et il avait donné, dans son hôtel de la rue de la Chaise,
une représentation du *Mariage de Figaro*.

Cet hôtel était un des mieux meublés de Paris : dès l'antichambre, on apercevait deux beaux vases de porphyre vert et un
autre de porcelaine violette orné de bronze doré. De la salle à
manger, ornée de bustes de marbre de Carrare et d'autres marbres,
on passait dans le petit salon, dont on remarquait la pendule de bronze enfumé, caractérisant l'Étude, et les magnifiques
girandoles dorées d'or moulu, ainsi qu'un superbe meuble de
Boule, sur lequel étaient des porcelaines.

Entrons dans la chambre à coucher : le lit est de lampas bleu
et blanc, et la couchette, aux riches sculptures dorées, est une
merveille ; les meubles sont de Boule. « Le salon, magnifiquement décoré, est orné dans son pourtour de superbes armoires
de *Boule*, richement dorées ; de quatre beaux candélabres du
même, surmontés de coupes de porcelaine bleu-de-Roi, montés
sur des trépieds de bronze doré d'or moulu. Sur les armoires à

de bonne qualité de la Chine, fond jaunâtre, à dessin
vert et bleu sur le pourtour; elles sont ornées chacune de trois légeres tiges nommées jasmin, dont une
à oiseau de porcelaine bleu à fleurs en relief, adaptées
en dedans, formant deux corbeilles de fleurs aussi

---

hauteur d'appui sont des vases de porphyre, de serpentin, et des
porcelaines. Deux magnifiques girandoles de bronze doré d'or
moulu, en forme de trépieds, avec arabesques, et contenant chacune dix bobèches, sont posées sur de belles encoignures de
Boule : ces girandoles, ainsi que les superbes flambeaux que
l'on voit dans ce salon, les bras, etc., ont été exécutés par *Da-
guerre*..... Deux autres armoires de Boule ont leurs devantures
en marbres de rapport, représentant des animaux, des fleurs et
des fruits.

« Une superbe Commode de vieux lacque, ornée de bronze
doré, placée vis-à-vis la cheminée, sert du support à deux statues de marbre blanc.... La cheminée, en marbre blanc, est
ornée de bronze doré d'or moulu. On y voit un superbe feu venant de feue Mme la duchesse de Mazarin : ce sont des aigles et
des salamandres. Une magnifique pendule, du même genre que
celle dont nous avons parlé, mais plus grande, et des porcelaines.

« Sur un magnifique secrétaire en marqueterie, par *Boule*,
et orné d'un bas-relief de bronze, est un buste de femme en
marbre blanc, par M. Pajou, sculpteur du Roi, et deux beaux
vases de bronze, enrichis de bas-reliefs..... » (Thiéry.)

Suit la description d'autres bronzes antiques et modernes,
et de nombreux tableaux, la plupart de l'école française du
XVIIIe siècle. Le comte de Vaudreuil avait possédé une très-
belle collection, composée d'une centaine de tableaux italiens,
flamands et hollandais, qu'il fit vendre en 1784 par Le Brun. La
plupart de ces tableaux, achetés par Louis XVI, sont aujourd'hui au
Louvre. Cette vente, dont il est question dans les *Mémoires secrets*,
comprenait en outre quelques tableaux de l'école française, notamment huit Vernet.

L'histoire de la collection du comte de Vaudreuil pendant la

particulieres qu'elles sont agréables ; garnies sur les
anses de légers cadres, bord et pied à bandeau breté
et à quatre gaînes de bronze doré, avec socle de brocatelle ; une des oreilles est endommagée, ce qui est

---

Révolution est des plus curieuses : le marquis de Paroy, son
cousin germain, a raconté dans des mémoires manuscrits dont
des fragments ont paru dans la *Revue de Paris,* comment il s'y
prit pour la faire passer à l'étranger. Après avoir porté en Suisse
une partie des bijoux et autres objets précieux de son parent,
« j'écrivis, dit-il, au comte de Vaudreuil, qui était à Versailles,
que, par prudence, je l'engageais à me confier ses clefs, pour
qu'en cas de pillage je pusse sauver ce qu'il avait de précieux. »

Le comte occupait alors à Paris la maison de l'Orangerie, que
le roi lui avait accordée, au bout de la Terrasse des Feuillans.
« Le lendemain 5 octobre, je profitai du départ des habitants des
faubourgs armés de piques, et de la garde nationale, qui se ren-
daient à Versailles, pour me transporter avec un de mes frères
chez M. de Vaudreuil. Je pris avec l'aide de son frotteur, dans
son secrétaire et dans ses armoires, tout ce qu'ils contenaient
de bijoux, de tabatières et objets précieux. Tout fut porté en
dépôt chez ma mère. J'avais dit au frotteur de détacher les tableaux de grands maîtres et d'autres aux quels mon cousin tenait beaucoup : j'annonçai que je viendrais les enlever dans la
journée, et je sortis. »

Le marquis de Paroy raconte ensuite comment il parvint à
enlever les tableaux : il n'y réussit pas sans peine, car la maison
était déjà gardée par un poste, sous les ordres d'un officier. Le
lendemain, tout était emballé et transporté à Paroy sans en-
combre ; cependant trois commissaires font une descente chez
le marquis, et lui demandent ce qu'il a fait des tableaux enlevés
d'une maison attenant au jardin des Tuileries ; il répond qu'il
les y avait déposés, et que depuis il les a vendus et livrés à un
étranger : « Un des commissaires se souvint de m'avoir vu, dans
une vente, acheter un tableau et en *pousser* d'autres, et dit qu'il

I I

peu visible ; hauteur, 11 pouces ; socle, 5 pouces en carré ; épaisseur, 1 pouce.

Ces deux pieces et les trois troncs d'arbres suivans sont d'une espece séduisante.

Julliot, pour la princesse de Lamballe. . . .   630 *liv.*

133 Deux troncs d'Arbre, fond jaunâtre, à léger dessin d'arbuste, fleurs et feuillages coloriés ; ils forment flambeau et sont garnis de bord, de pied rond à tore, avec moulures à feuilles d'ornement et avant-corps de bronze parfaitement fini et doré d'or mat, G. ; hauteur, 6 pouces 6 lignes.

Le président Haudry. . . . .   370 *liv.*

134 Un autre tronc d'Arbre pareil aux deux précédents, et garniture du même fini ; hauteur, 6 pouces 6 lignes.

---

me connaissait pour un *amateur* ou pour un *brocanteur*..... »
Et l'affaire en resta là.

Plus tard, les scellés furent mis chez le comte de Vaudreuil, comme chez les autres émigrés ; on chercha en vain ses tableaux ; une enquête fut faite, et on finit par les retrouver à Fontaine-bleau, où le père du marquis les avait fait venir. Mais M. de Paroy, qui était peintre-amateur, avait eu la précaution d'é-crire derrière chaque tableau : *Copie par M. de Paroy.* Le maire, qui accompagnait les commissaires, leur fit observer que ces tableaux étaient bien des copies : « *La preuve en est,* dit-il, *que c'est signé.* » Les commissaires s'en allèrent, satisfaits de cette explication.

« Depuis, ajoute le marquis de Paroy, je les ai envoyés à Londres, à M. de Vaudreuil, par l'entremise de M. Baguenault, banquier. Ils ont été vendus fort cher par M. de Vaudreuil, qui a trouvé par ce moyen une grande ressource dans les malheurs de l'émigration. »

Le vicomte de Choiseul. . . . . . .　. . .　175 *liv.*

135 Une grosse Bouilloire, fond jaunâtre, à dessin
brun, à jour de chaque côté, le bec en ayant été coupé
pour en former une cassolette.

PORCELAINES D'ANCIEN BLANC DU JAPON.

136 Deux Cornets, à branchages et fleurs en relief, garnis de bord à baguettes avec feuilles d'ornement, de
pied à gorge et moulures ouvragées de bronze doré;
placés sur socle de porphyre de 7 pouces en carré
sur 2 d'épaisseur; hauteur des cornets, 15 pouces
6 lignes. Ils viennent de M. de Jullienne.

L'ancien blanc est une sorte qui plaît par le
ton doux mat de sa pâte; on voit peu de grandes
pieces parfaites en cette qualité; ces cornets
sont deux morceaux capitaux de ce genre, et
des plus méritans par leur perfection.

Julliot, pour la marquise de Champcenetz. .　524 *liv.*

137 Deux Magots de bonne espece, rieurs, garnis chacun de pied contourné et avant corps à rosettes
et boules, montés en girandoles à deux branches, présentant un berceau en baldaquin, à support forme de
lyre, accompagné de branchages avec fleurs de porcelaine de Séve, la garniture de bronze doré; posés
sur socle de vert antique de 5 pouces en carré sur
1 pouce d'épaisseur; hauteur des girandoles, 10
pouces.

Delorme. . . . . 155 *liv.*

138 Deux Cigognes sur leur terrasse, appuyées contre une espece de tronc d'arbre de même porcelaine; garnies de pied à godron de bronze doré, avec socle de brocatelle; hauteur sans les socles, 6 pouces [1].

M. Destouches. . . . . 250 *liv.*

139 Deux Pots pourris, formés de quatre tasses à larges feuilles en demi-relief, avec Singe de même porcelaine adapté sur le dessus, garnis de gorge percée à jour, tête de Lion avec anneau de chaque côté et pied à trois consoles séparées par une espece de banderole à glands, formant guirlandes, de bronze doré; une des dessus est endommagée; hauteur, 9 pouces 6 lignes.

Julliot. . . . . 41 *liv.* 2 *s.*

140 Trois Pieces, dont un petit Vase rond, couvert, forme de marmite, à anse quarrée de chaque côté et à trois pieds à muffle et griffes de Lion pris dans la porcelaine, et deux théïeres rondes, couvertes, à deux bandeaux à dessin de légere broderie, séparés par une plate-bande unie en relief sur le milieu de la panse; le Vase a de légers coups de feu.

Guillaumont. . . . . 10 *liv.*

141 Trois Tasses ovales, à bord festonné, à sujet d'animaux et plantes de relief, garnies chacune d'anse à tête d'Aigle de vermeil.

---

1. 241 livres à la vente de Jullienne.

Payant. . . . . 21 *liv.*

142 Trois autres Pieces, dont une grande théïere couverte, forme de baril, à lésard de chaque côté, servant
d'anse et de bec, et un beau gobelet à anse, en forme
de feuilles d'eau et à larges feuilles de même espece à
demi-relief, sur une grande soucoupe à bord festonné,
unie en dedans et à côtes creuses en dehors.

Aimée [1]. . . . . 28 *liv.*

----

1. Nous avons longtemps cherché quelle pouvait être cette
curieuse. Sur les divers catalogues mis entre nos mains, elle est
désignée quelquefois sous le nom de Mlle *Aimée,* et plus souvent
sous celui d'*Aimée* tout court. C'est ainsi que la désigne Saint-
Aubin; et il devait être assez bien renseigné sur les habitués
des ventes, puisqu'il a eu soin de nous dire : « *Je les conois à
peu pres tous.* » Ajoutons que parfois cette personne est appelée plus cavalièrement encore *la Aimée ;* aussi est-ce le Journal
des inspecteurs de M. de Sartines qui nous a fourni des renseignements sur son compte. C'était ce qu'on appelait au siècle
dernier une *abbesse* ou une *appareilleuse.* Un rapport du 22 janvier nous apprend quel genre de services elle rendait à certains
Seigneurs, notamment à M. le comte de Montmorency, maréchal des camps et armées du Roi ; s'étant épris de la fille d'un
marchand de vin qui se faisait appeler Mme de Marandière, « il
donna à *la Aimée* six louis d'or, exigeant toujours qu'elle ne
s'informerait jamais qui il étoit..... »

Mlle Aimée se retira probablement avec une certaine aisance,
que nous ne qualifierons pas d'honnête ; plus heureuse en cela
que la fameuse Gourdan, dite *la Comtesse,* qui fut un jour condamnée à être promenée sur un âne « le visage tourné vers la
queue, suivant le supplice ordinaire. » Disons en passant que
cette Gourdan avait de singuliers rapports avec les *curieux.* Mai-
robert raconte que sa maison, rue des Deux-Portes-Saint-Sau-
veur, communiquait avec un appartement, « occupé par un

143 Neuf Pieces; une jolie théïere à côtes à branchages
et fleurs en relief, le couvercle est endommagé, garnie de cercle, bec et chaînons de bronze doré, et quatre
gobelets à bouquets de relief, dont deux à côtes sur
leur soucoupe gaufrée et à bord brun.

Payant. . . . . 26 *liv.* 19 *s.*

144 Deux petites Urnes oblongues, percées à jour du
haut, formant sucrier, garnies de couvercles à jour,
de cercles, rosettes et pied d'argent.

Payant. . . . . 72 *liv.*

145 Une petite boîte couverte, forme ovale à bouquets
en relief, garnie de cercle à godron et doublure d'argent.

Mlle *Aimée.* . . . . 33 *liv.* 1 *s.*

146 Dix Pieces, dont deux grands gobelets de belle

---

marchand de tableaux, de curiosités, chez lequel tout le monde
pouvoit entrer sans scandale ; dont la maison, d'ailleurs à porte-
cochère, très-honnête et dans une autre rue (la rue Saint-Sau-
veur), ne laissoit soupçonner en rien l'objet de la venue des personnes qui s'y rendoient. »

Ce marchand était d'intelligence avec sa voisine, et c'est de
chez lui que pénétraient chez elle les gens qui avaient besoin des
services de Dame Gourdan.

Mlle Aimée avait un goût prononcé pour la curiosité : en effet,
outre les divers objets qu'elle acquit à la vente du duc d'Aumont,
nous la voyons acheter à d'autres *inventaires*, notamment à
celui de M. Leroy de Senneville, en 1784, où Paillet lui adjuge
des porcelaines de Sèvres et autres galanteries, sans compter un
« très-beau lit de quatre pieds et demi, en bois des Indes »
qu'elle paya 570 livres.

qualité à bouquets en relief, sur soucoupe à cinq
festons, gaufrée en dedans, et deux tasses presque
ovales à huit pans et à anses, à pagodes et animaux
de relief, sur plateau carré long à bord brun, avec
une autre tasse contournée, à petite pagode de bout
prise en relief dans le fond, sur sa soucoupe en feuilles
de vigne.

Payant. . . . . 60 *liv.* 2 *s.*

147 Quatorze Pieces, deux tasses à anses, en espece de
feuilles de vigne, sur soucoupe festonnée de même
genre; deux autres tasses, l'une ronde, l'autre ovale,
avec deux gobelets à côtes; une cuvette ronde à mufle
de Lion de chaque côté, et cinq assiettes à cartouches
à dessin en demi-relief.

La duchesse de Villeroi . . . . 20 *liv.*

148 Deux Urnes oblongues d'ancien blanc de Saxe,
portant girandole à trois branches, chacune à rinceau
d'arabesques avec cornet d'abondance orné de fruits
servant de bobeche, et autres ornements; ces deux
Urnes sont garnies de bord à godron, de trois têtes
de bélier à rinceaux, guirlandes à feuilles de lierre,
chûte de feuilles de vigne à raisins et de pied à avant-
corps, avec cul de lampe et supports à double pied
de biche en bronze doré d'or mat, G. ; hauteur, 16
pouces.

Ces deux pieces, de forme agréable, réunissent un composé de garniture d'un goût recherché.

Le duc de Villequier. . . . .   1,180 *liv.*

149 Une autre Urne de même espece que la précédente, garnie de gorge, anse carrée avec mufle de Lion à anneau de chaque côté, pied de bronze doré, et un très-grand gobelet uni aussi d'ancien blanc de même porcelaine de Saxe; hauteur de l'Urne, 10 pouces 6 lignes.

Le comte de Duras. . . . .   38 *liv.* 19 *s.*

PORCELAINES BLEU-CÉLESTE D'ANCIEN LA CHINE.

Cette porcelaine, recherchée sur-tout en fond uni, est d'un effet flatteur dans un Cabinet par l'éclat de sa douce couleur et la belle variété qu'elle y procure; les morceaux suivans de cette sorte et en espece violette sont d'un choix distingué.

150 Deux Paniers fond uni, à tiges de roseau à jour entrelacées de petits feuillages en relief; garnis de doublure, branchage formant anse de chaque côté et de pied à godron de bronze doré; posés sur socle de lumakelle de 5 pouces 6 lignes en carré, dont un endommagé; hauteur des Paniers, 6 pouces 6 lignes.

Ces deux morceaux, par leur forme et leur perfection, sont à distinguer de certains qui se trouvent en ce genre.

M. Le Noir Dubreuil[1]. . . . .   456 *liv.* 1 *s.*

---

1. « M. Le Noir Dubreuilh, dit Thiéry (1786), amateur zélé des écoles flamandes et françoises, s'est formé depuis quelques

151 Deux petits Lapins fond uni sur pied à godron de bronze doré, avec socle de jaspe fleuri de 4 pouces de long; épaisseur, 10 lignes.

Ces deux animaux peuvent être uniques par leur espece et la beauté de leur genre; on ne

---

années un cabinet précieux par les morceaux capitaux qu'il a rassemblés.

« Ce cabinet, composé de trois pièces, est situé au fond de la cour de la première porte cochère que l'on trouve à gauche en sortant de la rue Saint-Marc, et remontant celle de Montmartre. » Suit l'énumération des tableaux qui ornaient le salon, et parmi lesquels nous remarquons des Metzu, des Terburg, des Rembrandt, des Paul Potter, des Velazquez, etc. Viennent ensuite « deux belles tables de porphyre, sur pieds de marqueterie de Boule : sur l'une, on admire deux vases également de porphyre, forme de Médicis, évidés en dedans, posés sur des socles de serpentin ornés de bronze doré d'or moulu...Sur l'autre table, sont deux vases de serpentin, aussi forme de Médicis, et évidés en dedans; ils sont posés sur des pieds de porphyre rouge, ornés de bronzes dorés.

« Sur une autre table de porphyre placée entre les croisées, sont deux vases de marbre vert antique, ornés de bronzes dorés. En avant des croisées, sont deux tables rondes de porphyre, soutenues sur des trépieds de bronze doré... Près la porte du cabinet est une grande table de marbre vert d'Égypte, sur un pied de Boule. Des Nymphes en bronze doré, et soutenant des branches de lys, posées sur la cheminée, y servent de bras. Une pendule en forme de lyre, et dont le mouvement est à jour, en occupe le milieu.

« Une table ronde d'albâtre oriental, placée au centre de ce sallon, sur un pied de marquetterie de Boule, contient un charmant assortiment de tasses de porcelaine de Sêve.

« On trouve dans le cabinet qui est sur la gauche de cette pièce quatre magnifiques armoires, un secrétaire et un bureau de Boule. Sur le secrétaire, placé entre les deux croisées, sont

connoît que ceux-ci : ils ont appartenu à M. le Comte de Fontenai, et viennent de M. de Jullienne.

M. Destouches. . . . . 95o *liv.*

152 Deux Vases de forme presque lisbet, fond uni, à espece d'écaille de poisson en demi-relief, à deux serpents entrelacés pris dans la porcelaine, saillant sur le pourtour et s'élevant des côtés, posent leur tête sur la panse, dont ils forment les anses ; garnis de bord, chaînons et de pied contourné, avec avant-corps à rosettes de bronze doré ; hauteur des Vases, 11 pouces 6 lignes.

Ces deux Vases intéressent par le singulier de

---

deux charmans vases de bronze et une petite terre-cuite représentant un Faune jouant des cymbales ; sur la cheminée, deux belles jattes d'albâtre, soutenues sur des pieds de marbre noir, en forme de candélabres et enrichis de bronzes dorés. Sur une des armoires, un vase de prime d'améthiste, orné de bronze doré. Sur une table de marbre de Griote d'Italie, avec pieds de Boule, sont un pot à l'eau avec sa cuvette et le gobelet, le tout en vermeil, et deux fûts de colonne en serpentin, soutenant : l'une, une petite Minerve antique en bronze, et l'autre, une Parque antique de même matière. »

Cette pièce était réservée aux tableaux de l'école française, parmi lesquels il faut citer des Boucher, des Vernet, des Fragonard, sans oublier trois Greuze, dont *la Cruche cassée*, venant de la vente de M. de Véry.

« Cette collection, ajoute le *Guide*, prouve les connoissances et le goût de cet Amateur, qui se fait un plaisir de montrer aux connoisseurs les objets précieux dont il est en possession. »

leur genre ; ils proviennent de Madame la Duchesse de Mazarin[1].

Payant. . . . . 601 *liv.*

153 Deux Paons, à queues épanouies, sur terrasse de
même sorte, portant chacun un de leurs petits ; garnis de pied à six pans de bronze doré, avec socle de
jaune antique de 8 pouces de long ; hauteur des
Paons, 8 pouces sur 8 pouces de long.

Ces oiseaux sont à remarquer par la perfection de leur plumage en demi-relief et par le vif
de leur couleur[2].

154 Deux Bouteilles fond uni, à six pans et long goulot, garnies de bord à rosettes, d'anses à rinceau contourné en console, et de pied à feuilles d'ornement de
bronze doré ; hauteur, 10 pouces 6 lignes.

Ces deux morceaux sont de la forme et de la
sorte estimées.

La marquise de La Mure. . . . . 680 *liv.*

155 Deux Lions de belle espece, fond uni, sur socle
violet, garnis de pied de profil en bronze doré et socle
de brocatelle d'Espagne ; hauteur des Lions, 7 pouces[3].

---

1. 895 liv. à cette vente, en 1781.

2. Ces deux paons s'étaient vendus 1,000 liv. à la vente de
Jullienne, en 1767, et 600 liv. à celle de la duchesse de Mazarin.

3. « Ils avoient appartenu au cardinal Mazarin. » (Note manuscrite de Saint-Aubin.)

Julliot. . . . . 270 *liv.*

156 Une Urne à six pans, chacun à branchages et feuillages à jour, formant fontaine ; garnie de gorge, anses
et pied en bronze doré ; le dessus est cassé ; hauteur,
7 pouces 6 lignes.

Payant. . . . . 40 *liv.* 3 *s.*

157 Huit Pieces dont un dragon ou chimere, d'un beau
ton de couleur, placé sur socle de vert antique, un
magot rieur garni de pied à godron de bronze doré,
quatre petites niches en berceau renfermant chacune
une pagode, et deux petits lions couchés.

Julliot. . . . . 62 *liv.*

PORCELAINES VIOLETTES D'ANCIEN LA CHINE.

158 Un Singe à tête mouchetée de bleu céleste et à ba-
lancier, garni de collier, tenant un fruit formant bec
de théïere et à anse aussi bleu céleste ; placé sur un
coussin à glands avec tabouret à fil de perles, plate-
bande finement sablée, et à quatre gaînes, le tout
de bronze doré d'or mat, avec socle de jaspe vert ;
hauteur, y compris le tabouret, 10 pouces 6 lignes.

Cet animal, de caractere bien rendu, est d'un
beau violet ; les parties bleu-céleste qu'il réunit
le rendent encore plus particulier, et l'exécution

de son tabouret lui donne un riche effet. L'anse est un peu endommagée[1].

M. Destouches. . . . . 403 *liv.*

159 Un Vase couvert, de forme un peu ovale, à petites feuilles en relief ; garni de bouton, gorge à jour ; console servant d'anse, à deux rinceaux du haut avec branchages de myrte, supportée de chaque côté par une tête de faune et piédouche à tore de laurier avec plinthe de bronze doré d'or mat ; hauteur, 8 pouces 6 lignes, G.

Ce morceau mérite considération, tant par la singularité de la forme et de la sorte que par le bon ensemble de sa garniture.

M. Destouches. . . . . 480 *liv.*

160 Un grand Vase forme de baril, fond violet à bouquets bleu-céleste sur les deux extrémités de la panse, dont le milieu présente un large bandeau aussi bleu-céleste à dessin de roses et branchages légèrement nuancés de violet ; garni de gorge, anse en console à rinceau, avec forte tête de lion à anneau de chaque côté, cul de lampe et piédouche ouvragé, avec plinthe de bronze doré ; posé sur socle plaqué de prime verte ; hauteur, y compris la garniture, 21 pouces.

Ce morceau est singulier par ses différentes

---

1. Un chat de porcelaine violette d'ancien la Chine avait atteint 1800 livres à la vente de la duchesse de Mazarin, en 1781.

couleurs, et on n'a encore vu que celui-là en ce genre et en cette forme.

Paillet, pour le Roi. . . . .   1,699 *liv.* 19 *s.*

161 Deux Buires rondes, à bec de théïere, de forme très-élevée, fond bleu foncé de Perse, approchant du violet; garnies de couvercle, gorge, anse en console surmontée d'un dragon, et de pied uni à moulure à godron de bronze doré d'or mat; placées sur socle de prime verte; hauteur, y compris l'anse, 18 pouces.

Ces deux morceaux rares sont curieux par le simple de leur forme, leur ton de couleur, et par leur bon accord avec le genre sage de leur garniture. Ils viennent de M. de Gaignat[1].

Paillet, pour le Roi. . . . .   1,802 *liv.*

162 Deux Bouteilles forme de calebasse, de terre de Perse fond bleu turc, garnies de gorge, chaînons en guirlandes et pied d'ornement de bronze doré; sur socle de jaune antique; hauteur, 8 pouces 6 lignes.

La marquise de Lède. . . . .   162 *liv.* 1 *s.*

PORCELAINES DE COULEUR LAPIS D'ANCIEN LA CHINE.

163 Deux Urnes à côtes, garnies chacune de bouton, rosettes, cercles à oves et dards sur le couvercle, gorge à fleurons à jour avec baguette figurant l'ozier; têtes

---

1. 1,250 livres à cette vente, en 1768.

de bélier servant d'anses ; nœuds de rubans et perles
formant guirlandes sur le collet ; tige à fleurons avec
raisins montant entre chaque côte de la partie inférieure de la panse, et pied à petit cordon natté ; à festons de rosettes et perles, et à quatre griffes de lion
posant sur une base cintrée entourée d'un fil de perles,
et avant-corps à panneaux d'entrelacs à fleurons découpés à jour et à quatre boules à côtes, servant de
supports, le tout de bronze doré d'or mat, G.; hauteur,
15 pouces.

Ces deux Urnes, peut-être uniques, sont les
seules que l'on ait vues depuis un nombre d'années ; aussi ont-elles été successivement recher-
chées par les connoisseurs, même étant dépour-
vues de cet éclat que demandoit leur qualité, et
que leur donne aujourd'hui le genre de leur garniture ; elles sont précieuses, tant par la perfection de leur forme et de leur couleur que par le
goût ingénieux et le mérite du fini de leurs
ornements.

Julliot, pour la Reine. . . . . 4,320 *liv.*

164 Un petit Vase de couleur lapis sans couvercle, garni d'anse et pied de bronze doré, avec une Bouteille
de porcelaine coloriée de la Chine, à dragon saillant
en relief sur le haut de la panse.

Sallior [1]. . . . . 16 *liv.* 2 *s.*

---

1. Concierge et garde-meuble de la Petite Écurie du roi, à
Versailles.

PORCELAINES CÉLADON D'ANCIEN LA CHINE.

165 Deux Vases, forme de *lisbet*, de ton clair, à sujet de pagodes, animaux et branchages bleus de relief, montés en buire, garnis de gorge ; anse en console surmontée d'un dragon, et pied de bronze doré avec socle de serpentin ; hauteur, 22 pouces 6 lignes.

Ces deux morceaux sont de sorte singulière et peu commune.

Paillet, pour le Roi. . . . . 1,340 *liv.*

PORCELAINES COLORIÉES PREMIERE QUALITÉ D'ANCIEN LA CHINE[1].

Cette Porcelaine, d'un beau blanc foncé relevé de couleurs vives d'un mat doux, réunit des morceaux meublans qui ont toujours été recherchés par leur bonne sorte ; les formes et le genre les plus estimés en cette espece sont les rouleaux *lisbets* et Urnes, soit à pagodes, à dragons ou à ramages.

166 Deux Cornets à pagodes, chimeres et bouquets ; garnis de bord et pied à godron de bronze doré. Un

---

1. Les curieux du temps de Louis XIV désignaient aussi cette porcelaine sous le nom de *Lachinage* ou *La Chinage*. On trouve notamment ces mots dans le chapitre du *Livre commode* (1692), intitulé : *Commerce de Curiositez et de Bijouterie.*

de ces morceaux a sur le haut une légere félure : hauteur, 15 pouces, 6 lignes.

Payant. . . . . 65 *liv.*

167 Deux Rouleaux à dragons serpentant en hauteur sur chaque face, et à dessin de flammes sur le pourtour; garnis de bord et pied à godron de bronze doré; hauteur, 17 pouces, 6 lignes.

Julliot. . . . . 102 *liv.*

168 Deux autres Rouleaux à oiseaux, arbustes et plantes; garnis de bord et pied à oves de bronze doré; hauteur, 17 pouces.

Payant. . . . . 136 *liv.*

169 Deux Canards sur terrasse brunâtre de porcelaine.

Ces deux animaux, de sorte peu commune, sont intéressans par la variété et le vif agréable du coloris de leur plumage. Ils viennent de M. de Jullienne[1].

Le Brun. . . . . 381 *liv.*

170 Deux Bouteilles, forme de calebasse, à dessin de ramages et plantes; garnies de gorge et pied de bronze doré; hauteur, 18 pouces, 6 lignes.

Julliot, pour le duc de Chabot. . . . . 120 *liv.*

171 Deux Urnes, couvertes, à dessin de bouquets; gar-

---

1. Vendus 150 francs à la vente de Le Brun, en 1791.

nies de cercles à godron, pied à cul-de-lampe et à trois consoles de bronze doré ; hauteur, 13 pouces.

Julliot, pour le duc de Chabot. . . . . 53 *liv.*

PORCELAINES DE SECONDE QUALITÉ COLORIÉE D'ANCIEN
LA CHINE.

172 Un Vase couvert, forme d'Urne, entièrement enrichi d'un dessin à mosaïque et fleurs sur son pourtour ; garni de bouton, gorge à frise d'ornement à jour, tête de Lion à anneau de chaque côté, piédouche ouvragé et plinthe carrée de bronze doré ; posé sur socle de prime verte ; hauteur, y compris la garniture, 17 pouces.

Ce morceau, de genre peu répété, est très-agréable par la belle diversité de ses vives couleurs et le bon ensemble de ses ornemens.

Dupuis. . . . . 699 *liv.* 19 *s.*

173 Quatre Cornets d'espece singuliere en cette qualité, dont le dessin, fond blanc en broderie sur un fond rouge, est séparé sur le milieu de la panse par un bandeau bombé fond vert tendre, à fleurs et légers branchages nuancés de violet. Un des cornets est endommagé ; hauteur, 9 pouces.

Legère. . . . . 100 *liv.*

174 Deux Seaux de bonne sorte, à deux bandeaux sur le haut, dont un fond rouge et or, l'autre vert relevé

de légers branchages, le surplus du pourtour à oiseaux et ramages.

Payant. . . . . 26 *liv.*

175 Deux Bouteilles à long goulot, à dragon bleu saillant sur le haut de la panse, et à petites rosettes sur le pourtour.

Legère. . . . . 12 *liv.*

176 Un Pot à l'eau couvert, à oiseaux à ramages, garni de charniere et cercle d'argent, avec sa jatte de même porcelaine et dessin.

Aimée. . . . . 34 *liv.*

177 Deux petits Chandeliers, dont chaque bassin et bobeche de porcelaine de Chantilly sont supportés par un branchage à feuillages de bronze, accompagné de trois pagodes à corsage bleu sur pied à godron de bronze doré, avec leur socle de brocatelle.

Chevalier. . . . . 40 *liv.*

PORCELAINES DE LA CHINE DE COULEUR BLEU-TURQUIN.

178 Deux grands Vases, forme de baril, à riche dessin de papillons avec fleurs nuancées de brun et feuillages bleus sur le pourtour; garnis de gorge à cannelures; figure à pieds de satyre, s'appuyant de chaque côté sur la gorge, posant sur une anse carrée supportée par une tête de Bélier; guirlandes à feuilles de vigne et raisins sur la panse, et riche cul-de-lampe; pié-douche à feuilles d'ornement, à tore de laurier avec

plinthe carrée de bronze doré; placés sur pied-d'estal
carré plaqué de marbre breche violette ; hauteur des
Vases, 31 pouces 6 lignes ; diamétre, 18 pouces ;
piédestaux, 18 pouces 6 lignes de haut sur 12 pouces
de large.

Ces deux morceaux, importans par leur forme
et par leurs ornemens, intéressent d'ailleurs par
la singularité de leur espece [1].

Delorme. . . . . 6,420 *liv.*

.79 Un autre Vase, forme de *lisbet,* à sujet d'oiseaux
et à légers dessins bleus nuancés de brun ; hauteur,
26 pouces.

Julliot, pour le Roi. . . . . 3oo *liv.*

180 Une grande Bouteille à long goulot, à sujet de
dragons et flammes, fond rouge nuancé de bleu ; garnie de couvercle à mosaïque à jour; gorge à godron
avec cannelures, guirlande sur les faces, anse de
chaque côté, à console ouvragée de fleurons et feuilles

---

1. Le prix de ces deux vases, qui représente au moins une
vingtaine de mille francs d'aujourd'hui, doit faire supposer que
la monture en était fort belle. Outre Gouthière et quelques
autres ciseleurs, sculpteurs, fondeurs, acheveurs, qui avaient la
vogue vers 1775, tels que Ph. Caffieri, Prieur, Duplessis,
Osmont, Saint-Germain, etc., il en était d'autres qui faisaient
plus particulièrement les montures des porcelaines. De ce nombre
était le sieur Aze, qui habitait rue et hôtel de la Vieille Monnaie,
et que l'*Almanach Dauphin* indique comme « *renommé pour les
garnitures de porcelaines et autres vases précieux.* »

Ces deux vases avaient été payés 4,35o livres à la vente de
Jullienne.

de chêne, se terminant par un mascaron enveloppé
d'une écharpe, et pied à feuilles d'ornement en doucine, avec tore de laurier et plinthe octogone de
bronze doré ; hauteur, 3 pieds.

Cette Bouteille est d'un effet capital, par la
forme, par le genre de ses dessins et le régulier
du riche ensemble de ses ornemens.

Delorme. . . . . 1,501 *liv.*

181 Un grand Vase, forme d'Urne antique, de ton
foncé, à feuilles sur le collet ; tête de chimere avec
anneau de chaque côté, et à dessin chinois sur le
pourtour de la panse, le tout en relief ; garni de gorge
travaillée à cordon en fil de perles, moulure en doucine,
à fleurons et feuille d'eau, pied à tore de baguettes
entrelacées d'un ruban avec plinthe à panneaux
renfoncés à frise d'ornement, et avant-corps arrondis, relevés chacun d'une rosasse, le tout de bronze
doré d'or mat ; placé sur socle de granit rose de 10
pouces 6 lignes en carré sur 2 pouces d'épaisseur ;
hauteur du vase, y compris la garniture, 21 pouces 6
lignes. G.

Ce morceau, d'une belle couleur, est à admirer par sa forme, le singulier de ses reliefs et le
genre recherché de sa garniture.

Julliot, pour le Roi. . . . . 800 *liv.*

182 Deux Troncs d'arbre, de ton clair, à roseau et
petits feuillages en relief, garnis de pied à godron,
surmontés chacun d'une girandole à trois branches,

composée d'une touffe de feuillages, tiges à rinceau d'ornement de goût d'arabesques, et de petit chapiteau portant une cassolette ornée de guirlandes, chaînons et perles, le tout de bronze doré d'or mat, G.; hauteur, 16 pouces.

Ces deux Girandoles sont séduisantes par le bon genre de leurs ornements.

Le duc de Villeroi. . . . . 1,551 *liv.*

183 Deux Bouteilles à goulot à bord rabattu, oreille saillante de chaque côté, et à grosse panse relevée d'un dessin gaufré sur le pourtour; garnies d'écharpes à glands, figurant anneau, pied à cul-de-lampe et à quatre consoles à griffes de lion, de bronze doré avec socle de vert d'Égypte; hauteur, 15 pouces 6 lignes.

La forme, le ton de couleur et le genre du dessin gaufré de ces deux morceaux méritent distinction dans leur sorte.

Delorme. . . . . 356 *liv.*

184 Deux Vases, forme de *lisbet,* de ton clair, à espece d'anse saillante de chaque côté, et à dessin chinois en demi-relief sur le pourtour; garnis de bord, guirlande à coques de laurier servant d'anneau, et de pied en bronze doré; posés sur socle de vert de mer; hauteur des Vases, 21 pouces.

Legère, pour le Roi. . . . . 3oo *liv.*

185 Deux Bouteilles oblongues, à côtes; chimere de chaque côté formant anse; garnies de gorge ovale,

d'anneaux et de pied à tore de laurier, avec plinthe
de bronze doré ; hauteur, 16 pouces.

Paillet. . . . . 161 *liv.*

186 Deux Bouteilles, forme de calebasse méplate, à
ruban saillant servant d'anse sur les côtés ; garnies de
couvercle et pied à godron de bronze doré.

Joanne. . . . . 100 *liv.*

187 Une Bouteille à long goulot, de ton clair, à dragon
saillant en relief sur le haut de la panse ; garnie de
gorge, anneau et pied de bronze doré ; hauteur, 12
pouces.

Joanne. . . . . 90 *liv.* 19 *s.*

188 Une grande Corbeille de ton foncé, à bord découpé
à jour, et à feuillages en demi-relief dans le fond.

Ce morceau est singulier dans son espece.

Joanne. . . . . 76 *liv.* 1 *s.*

189 Une Jatte de ton clair à bord festonné, sur son
plateau de même sorte, et une soucoupe d'ancien la
Chine, en forme de feuilles de vigne d'un fond bleu-
âtre.

Payant. . . . . 24 *liv.*

190 Une grande Jatte, forme de Tinette, de ton clair, à
dragons bleus en demi-relief serpentant sur le pourtour ; garnie de bord, plaque en dedans à trois compartiments d'écritoire, en bronze doré ; la plaque est
surmontée du milieu par un collet de porcelaine bleu-

céleste propre à mettre des plumes. Ce morceau est un peu endommagé.

Le duc de Villequier. . . . .   1 30 *liv.*

PORCELAINES TRUITÉES.

191 Une Bouteille de forme presque *lisbet*, d'ancien la Chine, à panneaux bleus, à légers arbustes sur les faces du collet, et aussi à dessin bleu de dragons et plantes sur le pourtour de la panse; garnie de gorge, console à guirlande de laurier de chaque côté et pied à feuilles d'ornement et cannelures de bronze doré; hauteur, 18 pouces 6 lignes.

Cette Bouteille, de bonne forme, est de sorte très particuliere, et sa garniture d'un genre régulier.

Legère. . . . .   200 *liv.*

192 Deux Vases oblongs, de la Chine, fond jaunâtre, garnis de gorge à cannelures, avec moulure à godron, serpents entrelacés servant d'anses, doubles chaînons formant guirlandes sur les faces, et pied ouvragé à fil de perles et tore de laurier de bronze doré d'or mat, avec socle de vert antique; hauteur, 15 pouces 6 lignes, y compris les anses.

Ces deux morceaux, d'une forme heureuse, présentent un ensemble agréable par le genre et le fini de leurs ornemens.

Julliot, pour le duc de Chabot. . . . .   730 *liv.*

PORCELAINES CRAQUELÉES.

193 Un Vase de forme *lisbet*, à tête de chimere, avec
anneau saillant sur les côtés, bandeau de broderie en
relief sur le bas du collet et de la panse, le tout de
couleur brunâtre : ce Vase formant fontaine, accompagné de deux chiens d'ancienne porcelaine de premiere sorte, coloriée d'excellente qualité est garni
d'une écrevisse servant de bouton sur le couvercle,
gorge, cigne et terrasse de bronze doré, et placé sur
socle de bois peint ; hauteur, sans le socle, 21 pouces
6 lignes.

Julliot. . . . . 172 *liv.*

194 Deux Seaux à six panneaux, à bâtons rompus découpés à jour ; garnis de doublure, bord, anses et
pied de bronze doré.

Delorme. . . . . 200 *liv.*

195 Deux petits Vases, de forme *lisbet*, à tête de chimere saillante, avec anneau de chaque côté, et à deux
bandeaux de broderie en relief sur le pourtour, le
tout de couleur brunâtre ; garnis de bord et pied à godron de bronze doré.

Payant. . . . . 36 *liv.*

PORCELAINES D'ANCIEN BLEU ET BLANC DE LA CHINE.

Les Porcelaines de ce Cabinet en cette espece
ont originairement appartenu pour la plupart à

céleste propre à mettre des plumes. Ce morceau est un peu endommagé.

Le duc de Villequier. . . . . 1 3o *liv.*

PORCELAINES TRUITÉES.

191 Une Bouteille de forme presque *lisbet*, d'ancien la Chine, à panneaux bleus, à légers arbustes sur les faces du collet, et aussi à dessin bleu de dragons et plantes sur le pourtour de la panse; garnie de gorge, console à guirlande de laurier de chaque côté et pied à feuilles d'ornement et cannelures de bronze doré; hauteur, 18 pouces 6 lignes.

Cette Bouteille, de bonne forme, est de sorte très particuliere, et sa garniture d'un genre régulier.

Legère. . . . . 200 *liv.*

192 Deux Vases oblongs, de la Chine, fond jaunâtre, garnis de gorge à cannelures, avec moulure à godron, serpents entrelacés servant d'anses, doubles chaînons formant guirlandes sur les faces, et pied ouvragé à fil de perles et tore de laurier de bronze doré d'or mat, avec socle de vert antique; hauteur, 15 pouces 6 lignes, y compris les anses.

Ces deux morceaux, d'une forme heureuse, présentent un ensemble agréable par le genre et le fini de leurs ornemens.

Julliot, pour le duc de Chabot. . . . . 7 3o *liv.*

Monseigneur le Dauphin, fils de Louis XIV, qui aimoit ce beau genre et s'en étoit fait une Collection recommandable; les pieces les plus estimées en cette qualité sont les cornets, de sorte rare, à sujets en relief, les bouteilles, urnes d'une broderie nette, et les rouleaux à modeles, d'un beau blanc un peu foncé et relevé d'un bleu éclatant d'un mat doux.

Les morceaux en ce genre des onze articles suivans sont d'une espece à être placée dans toute Collection distinguée, et ont toujours été successivement recherchés par les Amateurs; cet ensemble, qui est peut être le dernier et le seul existant d'élite en cette qualité, fournit une occasion aux connoisseurs de s'en procurer les morceaux les plus rares et de la plus grande perfection.

196 Trois Cornets de sorte la plus rare à sujet de riches modeles et fleurs, les uns *blanc* en relief, les autres bleu et bandeau bombé, à légere broderie vers la partie inférieure de la panse; garnis de pied à godron de bronze doré; hauteur, 16 pouces.

Ces morceaux et les pieces sous les deux numéros suivants viennent de M. le Duc de Tallard; ils sont de la plus rare qualité de ce genre, ainsi que les huit autres articles faisant partie du nombre énoncé.

Julliot. . . . . 90 *liv.* 19 *s.*

197 Trois autres Cornets, de la même beauté que les précédents, mais sans être bombés sur la panse, dont un à magot et modele fond blanc en relief, et dessin d'un bleu vif, à feuillages et rosettes; les deux autres présentent sur leur pourtour différents sujets à modeles en blanc aussi de relief et en bleu avec bouquets; garnis de bord et pied à godron de bronze doré; hauteur de l'un, 17 pouces; les deux autres, 18 pouces.

Julliot. . . . . 140 *liv.*

198 Deux Urnes à bandeau de fine broderie sur le collet et à riche dessin de modeles et fleurs, d'un ton bleu réjouissant sur le couvercle et le pourtour de la panse; garnies de collet et par bas de léger bandeau à fleurons en vermeil découpés à jour, avec pied à cul de lampe et à quatre petites gaînes de bronze doré.

Julliot. . . . . 143 *liv.*

199 Une précieuse Garniture de trois grandes Bouteilles de formes simples les plus intéressantes, dont deux oblongues à six festons de broderie et à six larges feuilles montantes sur le collet avec bouquets dans le haut; la troisieme, de forme *lisbet*, à grosse panse, aussi à dessin de broderie en festons et à bouquets, le tout garni de bord et pied à oves; la Bouteille en

lisbet, 18 pouces 6 lignes de haut; les autres, 18 pouces.

C'est bien à juste titre que les morceaux de premier genre en cette sorte ont été estimés, et il faut qu'on en ait toujours fait un grand cas, puisqu'il y a environ 30 ans qu'on a vu ces bouteilles garnies de vermeil relevé de fleurons d'or, ce qui constate bien le mérite qui leur avoit été reconnu; la bouteille en lisbet a appartenu à M. le Duc de Tallard, les deux autres viennent de M. de Boisset.

Julliot. . . . . 399 *liv.* 19 *s.*

200 Deux Urnes couvertes, à dessin de festons en broderie, d'un travail fin et d'un bleu aussi vif que doux; garnies de collet à petites feuilles découpées, et de pied de profil uni aussi à petites feuilles de bronze doré; hauteur, 11 pouces.

Julliot. . . . . 48 *liv.*

201 Trois Pieces, dont deux Rouleaux à riches modeles et un Vase de forme *lisbet*, à modele sur le haut du collet et à dessin de broderie, à festons sur le pourtour de la panse, le tout garni de bord et pied de bronze doré; hauteur des Rouleaux, 17 pouces; le *lisbet*, 16 pouces 6 lignes.

Julliot. . . . . 120 *liv.* 1 *s.*

202 Une Bouteille en *lisbet*, forme oblongue, à haut

goulot et à trois parties de broderie en festons ; garnie de bord et pied à oves de bronze doré ; hauteur, 18 pouces 6 lignes.

Julliot. . . . . 36 *liv.* 2 *s.*

203 Deux Bouteilles, de la plus belle forme et de la plus précieuse qualité de broderie, et peut-être uniques en leur genre, garnies de couvercle et pied à godron de bronze doré ; hauteur, 11 pouces.

Ces deux bouteilles ont appartenu à M. le Duc de Tallard et à M. de Jullienne, et elles viennent de M. de Boisset ; on les a vues aussi garnies de pied et collet de vermeil richement travaillé, ce qui caractérise combien les pieces d'élite en cette agréable porcelaine étoient es-timées [1].

Julliot. . . . . 200 *liv.*

204 Deux Urnes couvertes, de bonne sorte, à dessin de broderie en festons, garnies de gorge à baguettes de laurier, pied à cul de lampe et à trois consoles, avec triangle de bronze doré ; hauteur, 13 pouces.

Payant. . . . . 63 *liv.*

205 Une autre Urne couverte, à large bandeau de bro-

---

[1] Ces deux bouteilles, payées 161 livres par L. Duvaux, marchand, à la vente du duc de Tallard, s'étaient vendues 528 livres à la vente Randon de Boisset.

derie et oiseaux entre deux cordons de même dessin, l'un au-dessous du collet et l'autre sur la partie inférieure de la panse ; garnie de cercle à oves, de pied à cul de lampe à trois consoles, à tête de femme aîlée, avec triangle de bronze doré; hauteur, 13 pouces.

Julliot. . . . . 48 *liv.*

206 Deux Vases, en seau de belle forme, à sujet intéressant d'oiseaux et ramages d'un bleu vif très-agréable ; garnis de bord à plate-bande travaillée en broderie et placés sur socle orné d'un bandeau à entrelacs et boutons saillans, le tout de bronze doré.

Julliot. . . . . 60 *liv.*

207 Une Urne couverte, à deux cordons de broderie dans le haut et à bandeau de broderie et oiseau sur la panse; garnie de collet à baguette, pied à cul de lampe et à trois consoles, avec triangle de bronze doré; hauteur, 12 pouces 6 lignes.

Julliot. . . . . 15 *liv.*

208 Trois Urnes couvertes, dont une à chimere, oiseaux et ramages, l'autre à sujet de modele et fleurs sur le couvercle et le pourtour, et la dernière à oiseaux et ramages, dont le dessin se présente renversé au-dessous du collet; chacune garnie de cercle et de pied à trois consoles de bronze doré; hauteur, 13 pouces.

Payant. . . . . 42 *liv.*

209 Deux Rouleaux de bonne sorte, à sujet de modele,

garnis de couvercle et pied à godron de bronze doré;
hauteur, 9 pouces.

Julliot. . . . . 19 *liv.*

210 Deux Bouteilles à long goulot, à tiges de bouquets
et à dessin de broderie sur la panse, garnies de couvercle à godron, de pied à cul de lampe et à trois consoles, avec triangle de bronze doré; hauteur, 18 pouces.
Une des bouteilles est endommagée du collet.

Julliot. . . . . 21 *liv.*

211 Quatre Pieces, dont deux petits Vases, forme de
litron, à feuillages bleus et autres à dessin blanc en
demi relief, garnis de bord et pied à godron de bronze
doré, et deux Plateaux contournés de forme ovale et
à bord brun; hauteur des vases, 7 pouces.

Ces deux Litrons, de sorte peu commune,
sont singuliers et de genre estimé, ainsi que les
plateaux.

Julliot. . . . . 18 *liv.*

212 Six Pieces, dont un Compotier d'espece singuliere,
à larges feuilles anticipant l'une sur l'autre en demi
relief, trois Drageoirs à bord et branchages bleus, et
deux Assiettes fond bleu à panneau et bord blanc.

Le comte de Duras. . . . . 13 *liv.* 1 *s.*

213 Cinq Assiettes de bonne sorte, de porcelaine de la
Chine, fond bleu couleur lapis, chacune à sujet de
pagode fond blanc.

Julliot. . . . . 30 *liv.*

PORCELAINES BLEUES ET BLANCHES DE NOUVEAU LA CHINE.

214 Dix-sept Pieces, deux Seaux à pagodes, trois As-
     siettes, quatre petites Tasses et leurs soucoupes, deux
     Gobelets en baril et à anse, et deux petites Bouteilles.
     Julliot. . . . . 12 *liv.* 19 *s.*

ANCIENNE TERRE DES INDES.

L'ancienne terre des Indes réunit encore
dans son espece des pieces piquantes par la
qualité, le particulier des formes et des sujets
en relief. Les sept articles suivans sont de genre
en cette sorte à intéresser les Amateurs.

215 Une Théïere et son couvercle, forme de fruit jau-
     nâtre à branchages, pris dans la piece, formant l'anse
     de panier, d'où il sort un fruit avec fleurs et feuil-
     lages en relief.

Cette Théïere plaît par son espece et sa singularité.

     Le vicomte de Choiseul. . . . . 140 *liv.*

216 Deux Tasses, en forme de fruit, fond rouge et à
     petit tronc d'arbre à feuilles et fruits de relief, sail-
     lant en dehors, l'intérieur jaunâtre, à noyau de pêche
     aussi à relief parfaitement imité et avec le vif du co-
     loris naturel.

Ces deux pieces intéressent par leur sorte

et l'extraordinaire de leur genre ; elles ont appartenu à M. le Comte de Fontenai, et viennent de M. de Jullienne.

Le duc de Chabot. . . . . 299 *liv.* 19 *s.*

217 Deux Grenades formant Théïere, fond jaunâtre, légèrement jaspées de rouge, supportées par trois fruits, fleurs de relief sur la panse et couvercle figurant un champignon.

Le comte de Duras. . . . . 37 *liv.*

218 Deux Buires oblongues couvertes, faisant Théïere, dont la panse est entourée de roseaux qui se terminent un peu en pointe et dominent de chaque côté ; posées sur socle de granit rose.

Ces deux morceaux sont singuliers [1].

Joanne. . . . . 145 *liv.*

219 Deux petites Grenades jaunâtres formant Pots pourris, portées chacune par une branche de bronze doré sortant d'une terrasse, d'ancienne porcelaine, premiere sorte coloriée, sur laquelle sont une pagode

---

1. Gabriel de Saint-Aubin a écrit sur la marge de son catalogue la curieuse note suivante : « Ces deux buires représentent un instrument chinois que nous avons vu dans plusieurs cabinets, notamment dans celui de M. Boucher, premier peintre du Roy ; *il en tiroit des airs.* »

On sait que le *Peintre des Grâces* avait un très-beau cabinet de tableaux et de curiosités. Sa vente, qui ne comprenait pas moins de 1865 numéros, fut faite par P. Rémy, en 1771.

15

debout et une poule prise dans la porcelaine; le tout garni de cercle et de pied à godron et fruits de bronze doré sur socle de jaune antique.

Le vicomte de Choiseul. . . . . 128 *liv.*

220 Deux Pots pourris couverts, à anse de panier prise dans la piece, à petit dessin finement tracé sur le pourtour, garnis de gorge découpée à jour, tête de lion de chaque côté, chaînons formant guirlandes et de pied aussi à jour, sur socle de brocatelle.

M. Destouches. . . . . 201 *liv.*

221 Deux petites Théïeres couvertes, fond jaunâtre, forme de fruit et à anse de panier d'une extrême délicatesse, avec leurs soucoupes ovales de même genre.

Le président Haudry. . . . . 30 *liv.*

222 Deux petits fruits, fond jaunâtre légèrement jaspé de rouge, formant pots pourris, portés chacun par une tige à branchage, de bronze doré, sortant d'une terrasse à feuillages aussi de bronze doré, sur laquelle est un chat de porcelaine de la Chine de couleur jaunâtre.

Le président Haudry. . . . . 100 *liv.*

223 Une Théïere couverte, à côtes de roseaux sur le pourtour, de fond jaunâtre tacheté de rouge, garnie de bélieres et chaînons de bronze doré.

La duchesse de Villequier. . . . . 19 *liv.*

224 Une autre Théïere couverte, fond brunâtre, à pan-

neaux ronds à branchages et feuillages à jour, garnie
de bélieres et chaînons de bronze doré.

Le duc de Villeroi. . . . . 55 *liv.*

225 Une Théïere couverte, aussi fond brunâtre, à six
pans, chacun à dragon de relief et à anse de panier
de forme carrée.

Le duc de Villeroi. . . . . 24 *liv.*

PATE DES INDES.

226 Une Figure, sujet d'homme, de beau caractère, le
bras droit appuyé sur une boule, couché sur un pied
carré long à quatre supports de métal des Indes, avec
cage à moulures de bronze doré et à panneaux de
glace.

La duchesse de Villeroi. . . . . 180 *liv.*

PORCELAINES DE SEVE [1].

227 Une belle Garniture de trois Vases, fond bleu
turcque, or et blanc; celui du milieu présente une
Cassolette couverte, de forme ovale, à gorge à cannelures, ornée de guirlandes en relief; la panse, à bandeau relevé de bâtons rompus et avant-corps à rosettes, se termine par un pied en voussure et par

---

1. Nous conservons l'ancienne orthographe du nom de la célèbre manufacture, qu'on écrivait plus souvent *Séve* que Sèvres.

quatre supports en consoles; les deux autres oblongs, en especes de lyre à plates-bandes entrelacées, formant dessin de mosaïque sur le couvercle, bord à bâtons rompus, collet à pans et cannelures orné de guirlandes, anse carrée de chaque côté, se terminant sur le milieu de la panse à bandeau à entrelacs à rosettes de relief, avec cul de lampe et piédouche aussi très-ouvragés; hauteur du Vase du milieu, 15 pouces; celle des deux autres, 18 pouces.

Benoît [1]. . . . . 761 *liv.*

228 Deux Vases fond bleu turcque à trois anneaux entrelacés servant de bouton sur le couvercle, à cordons en or de relief formant guirlandes sur chaque côté, piédouche à filets et baguettes dorés, sur socle de jaune antique; hauteur, 14 pouces.

Paillet. . . . . 296 *liv.*

229 Deux Coquilles bleu céleste, imitées d'après celui d'ancien la Chine, à petites coquilles de relief sur le couvercle, garnies de fermeture, gorge à mosaïque découpée à jour et de trois pieds en limaçons de bronze doré sur socle de jaune antique; hauteur, y compris le socle, 6 pouces.

Le président Haudry. . . . . 126 *liv.*

---

1. Nous voyons le nom de Benoît dans plusieurs catalogues anciens, notamment dans ceux du duc de Tallard et de M. Leroy de Senneville; il achète pour divers amateurs, ce qui nous fait croire qu'il était marchand.

230 Un Gobelet couvert, à deux anses, à légers dessins de roses et feuillages, à cartouches fond bleu à dessin tracé en or, sur plateau de laque rouge de Martin, garni de cercles et tulipe de vermeil.

Cornet [1]. . . . . **75** *liv.*

231 Une Théiere à pans et son sucrier aussi à pans, à broderie rouge, imitée d'après l'ancienne premiere sorte.

Cornet.. . . . . 16 *liv.* 9 *s.*

232 Six douzaines d'Assiettes fond blanc, à bord à filets et à dessin de broderie et festons en or; cet article et les vingt-six suivants sont de même porcelaine et dessin.

Le duc de Villeroi.. . . . . 553 *liv.* 17 *s.*

233 Douze Compotiers de trois formes différentes, les uns carrés, les autres ronds et les derniers en coquille.

Le duc de Villeroi.. . . . . 173 *liv.*

234 Deux grands Seaux à oreille et coquille, six autres Seaux de différentes grandeurs et même dessin.

Le duc de Villeroi. . . . . 173 *liv.* 3 *s.*

235 Deux Verrieres à oreille en coquille.

Payant. . . . . 71 *liv.*

---

1. Nous trouvons quelquefois ce nom écrit *Cornette.*

236 Deux Seaux à liqueurs à compartiments.

Payant. . . . . 63 *liv.*

237 Deux Glacieres couvertes, à anse carrée.

Payant. . . . . 100 *liv.*

238 Deux Beurrieres couvertes, sur leurs plateaux pris dans la porcelaine.

Aimée. . . . . 52 *liv.* 10 *s.*

239 Deux Plateaux à 3 compartiments.

La duchesse de Villeroi. . . . . . . 60 *liv.* 15 *s.*

240 Deux grands Saladiers à bord festonné.

La duchesse de Villeroi. . . . . 70 *liv.*

241 Deux moyens.

La duchesse de Villeroi. . . . . 36 *liv.* 1 *s.*

242 Un Seau à punch dans sa jatte.

La duchesse de Villeroi. . . . . 102 *liv.*

243 Deux Fromagers à jour, sur leur plateau.

La duchesse de Villeroi. . . . . 53 *liv.* 14 *s.*

244 Deux grandes Corbeilles à fruit, de forme ovale, découpées à jour.

La duchesse de Villeroi. . . . . 49 *liv.* 19 *s.*

245 Quatre moyennes Corbeilles découpées à jour, dont une endommagée.

La duchesse de Villeroi . . . . 37 *liv.*

246 Deux Confituriers couverts, pris sur leur plateau dans la porcelaine.

La duchesse de Villeroi. . . . . 53 *liv.* 10 *s.*

247 Deux Sucriers couverts, de forme ovale, aussi pris sur le plateau dans la porcelaine.

La duchesse de Villeroi. . . . . 60 *liv.*

248 Une Maroniere couverte, à jour, de forme ovale, tenant sur son plateau.

Aimée. . . . . 23 *liv.*

249 Huit petites Corbeilles, de forme ronde, découpées à jour.

Aimée. . . . . 48 *liv.*

250 Huit Salieres à trois compartiments et à anse de panier.

Payant. . . . . 59 *liv.* 1 *s.*

251 Huit Pots à crème couverts, à anse.

La duchesse de Villeroi. . . . . 46 *liv.* 19 *s.*

252 Deux Moutardiers couverts, avec leur cuiller sur leurs plateaux, de forme ovale.

La duchesse de Villeroi. . . . . 30 *liv.* 3 *s.*

253 Douze Coquetiers.

Le duc de Villequier. . . . . 28 *liv.*

254 Douze Tasses à anses, sur leurs soucoupes, avec sucrier et pot à lait.

Julliot. . . . . 112 *liv.*

255 Dix autres Tasses sur leurs soucoupes, avec sucrier couvert et pot à lait.

Payant. . . . . 54 *liv.* 1 *s.*

256 Un Gobelet à anses, couvert, forme de seau, sur
son plateau.

Payant. . . . . 16 *liv.*

257 Dix-huit petits Drageoirs.

La duchesse de Villeroi. . . . . 37 *liv.* 19 *s.*

PORCELAINES DES DIFFÉRENTES MANUFACTURES DE FRANCE.

258 Une Tasse à anse, à filets dorés, sur sa soucoupe, à
petits bouquets de roses et couronne de laurier tracés
en or, avec plateau de forme carrée, découpé à jour,
de même espece et dessin.

Le président Haudry. . . . . 49 *liv.* 14 *s.*

259 Une petite Tasse, forme de baril, sur sa soucoupe,
fond bleu turcque, à léger dessin tracé en or et à cartouche en miniature, sur plateau carré, de même
sorte et dessin.

Le président Haudry. . . . . 51 *liv.* 1 *s.*

260 Une Tasse, forme de baril, sur sa soucoupe, fond
vert tendre, à filets dorés, relevé de cartouches de
roses et guirlandes.

Le marquis de Thibouville. . . . . 138 *liv.*

261 Une Tasse en baril, à anse, et sa soucoupe à filets
dorés, à trois bandeaux, dont un fond blanc à roses
et petites fleurs coloriées; les deux autres fond gris,
à guirlandes de pierres de couleur.

Le marquis de Thibouville.. . . . . 249 *liv.*

262 Deux Tasses à anses, forme de baril, et leurs soucoupes, à bandeaux, pilastres, rosettes et guirlandes
tracées en or.

Julliot. . . . . 24 *liv.*

263 Un Gobelet à lait, à anse, forme de seau, fond
bleu turque, sur sa soucoupe, à cartouches fond blanc
à oiseaux et arbustes tracés en or.

Lachez [1].. . . . . 23 *liv.*

264 Une Tasse à anse, forme de baril, sur sa soucoupe
à ruban et à dessin de roses; les autres à mosaïques
et à guirlandes.

Le comte de Merle. . . . . 29 *liv.* 7 *s.*

265 Une Tasse à anse, forme de baril, et sa soucoupe
fond jaunâtre clair à filets dorés, bandeau à petites
fleurs et cartouches coloriées.

Le duc de Chabot.. . . . . 42 *liv.* 1 *s.*

---

1. C'est ainsi que Gabriel de Saint-Aubin écrivait ce nom sur
les catalogues qu'il s'amusait à couvrir de notes et de croquis.
Ce nom est souvent écrit d'une manière peu lisible ; peut-être
serait-ce M. *d'Apchez,* qui achetait aussi des curiosités ; nous
lisons aussi M. *Daché,* mais nous ne pensons pas qu'il s'agisse
du comte *d'Aché.*

266 Une grande Tasse à anse, forme de baril, sur sa
soucoupe, fond blanc à dessin tracé en or.

Payant. . . . . 24 *liv.* 1 *s.*

267 Une Tasse à anse, forme de baril, sur sa soucoupe
à filets dorés, à bandeau à fleurs et médaillons de
roses; une autre Tasse à anse, avec sa soucoupe à
filets dorés, à guirlandes de roses, fond vert, et une
petite Tasse à anse, aussi sur sa soucoupe, à filets
dorés et à doubles guirlandes de roses.

Cornet. . . . . 120 *liv* 10 *s.*

268 Deux Seaux, de forme carrée, à panneau de bouquets, fleurs et fruits, encadrés d'un dessin bleu.

Payant. . . . . 60 *liv.*

269 Deux autres pareils.

Payant. . . . . 72 *liv.* 1 *s.*

270 Quatre Tasses à anse, forme de seau, sur leurs
soucoupes, à filets or et bleu et bouquets, avec sucrier couvert, sur son plateau, de même espece et
dessin.

Payant. . . . . 38 *liv.*

271 Un Cabaret de six tasses à anse, forme de baril,
sur leur soucoupe à filets dorés, avec bandeau à ruban
et guirlande de fleurs; sucrier couvert, théïere, cafe-
tiere et pot à lait, aussi à filet doré et guirlande de
fleurs; sur plateau de la Chine.

Le duc de Villequier. . . . . 80 *liv.* 1 *s.*

272 Deux petits Seaux de porcelaine de Chantilly à
anses, à branchages et à petites pagodes, garnis de
cercles à godron et pied en bronze doré.

Aimée. . . . . 19 *liv* .

273 Trois Ecuelles rondes, couvertes, à anse, sur leur
plateau, dont il y en a un endommagé.

Paillet. . . . . 69 *liv.*

274 Une autre Ecuelle, couverte, à anse, aussi sur son
plateau, de forme ovale, à bouquets.

Payant . . . . 33 *liv.*

275 Une Tasse à lait, forme de seau, sur son plateau,
à dessin de paysage camaïeu bleu.

M. Voyer[1]. . . . . 33 *liv.*

276 Cent trois Pieces de porcelaine désassorties, de
différentes qualités, qui seront détaillées.

Vendu en plusieurs lots.. . . . . 676 *liv.*

PORCELAINES DE SAXE COLORIÉES.

277 Un Pot à l'eau couvert, imité d'après l'ancienne,

---

1. Il s'agit peut-être ici du marquis de Voyer d'Argenson, fils
du ministre et lieutenant-général des armées du roi. Il demeurait rue des Bons-Enfants, et l'*Almanach historique*, etc., cite le
plafond du salon de son hôtel comme un des meilleurs ouvrages
d'Antoine Coypel.

à dessin colorié de branchages et fleurs, dans sa jatte de même porcelaine; garni de cercle et charniere en vermeil.

M. Marin [1]. . . . .   85 *liv.* 1 *s.*

278 Un Pot à l'eau à bec, couvert, fond blanc, en osier, garni de cercle de vermeil, à cartouches de fleurs et oiseaux, dans sa jatte festonnée, à bord brun, à branchages courants.

Aimée. . . . .   43 *liv.* 5 *s.*

279 Deux Vases, forme de cornet, à grosse panse, sujet champêtre en miniature et fleurs naturelles; garnis de bord et pied en bronze doré, sur socle de vert antique; hauteur, 9 pouces, non compris le socle.

M. Le Noir du Breuil. . . . .   180 *liv.*

280 Un Pot pourri, à branchages de relief sur le couvercle et à dessin de gerbe et fleurs, accompagné de deux petites péruches de même porcelaine; garni de gorge à jour, tige à branchage et terrasse de bronze doré.

Payant. . . . .   46 *liv.*

---

1. Ce M. Marin n'est pas le censeur-royal que les plaisanteries de Beaumarchais ont rendu célèbre, et qui s'était retiré à la Ciotat, son pays, quatre ans avant la vente du duc d'Aumont. Ce n'est pas non plus l'imitateur de Clodion, le sculpteur Marin, né en 1773, et mort en 1834. Il s'agit sans doute d'un M. Marin qui avait une collection de tableaux, d'estampes, de porcelaines, etc., et dont la vente fut faite par Le Brun, en 1790.

281 Deux oiseaux montés en chandelier, avec tige à
branchage et terrasse de bronze doré.

Payant. . . . .   23 *liv.*

282 Un grand Gobelet à tige de bouquet et gerbes sur
plateau carré long, à dessin de dragon et coq; le tout
imité sur les dessins de l'ancienne, et le plateau garni
de tulipe de bronze doré.

Payant. . . . .   19 *liv.* 19 *s.*

283 Un Broc à fleurs naturelles, garni de cercles, couvercle et charniere en vermeil; dans sa jatte de même
dessin.

Le duc de Villequier. . . . .   64 *liv.*

284 Un moyen Broc, dans sa jatte forme de coquille;
le tout à dessin de fleurs naturelles.

Le comte de Duras. . . . .   17 *liv.*

285 Deux Doguins, sur leur terrasse de porcelaine, à
fleurs et feuillages.

Le duc de Praslin[1].. . . . .   118 *liv.*

---

1. Antoine César, duc de Choiseul-Praslin, colonel du régi-
ment de Lorraine en 1779, et plus tard maréchal de camp.
C'est lui qui proposa d'approuver la conduite des commissaires
chargés de ramener Louis XVI à Paris, après son arrestation à
Varennes. Emprisonné comme suspect en 1793, il recouvra la
liberté après le 9 thermidor. Suivant l'*Almanach historique*, etc.
(1777), son hôtel, rue de Bourbon, contenait un des plus considérables cabinets de la capitale. A. J. Paillet fit, en 1808, la
vente des « Tableaux précieux, marbres, dessins, meubles, etc.,
de feu M. de Choiseul-Praslin. »

286 Deux autres pareils.

Le président Haudry. . . . . 143 *liv.*

287 Un petit Plateau, forme de Nacelle à bord brun, à dessin de mosaïque, branchages et écureuils, avec deux animaux et fruits de porcelaine de la Chine, qui y sont adaptés, formant une écritoire.

Le comte de Duras. . . . . 22 *liv*

288 Deux Drageoirs festonnés, à bord brun, à dessin de Cigogne et arbuste, imités sur l'ancienne.

Payant. . . . . 15 *liv* 2 *s.*

289 Un Gobelet, forme de Seau, à dessin de gerbes et fleurs, sur plateau festonné à gerbe et écureuils, sur soucoupe de même genre, avec Sucrier à huit pans, à sujet de perdrix et légers branchages de fleurs; le tout sur plateau de vernis de la Chine fond rouge et or.

Non vendu, ayant été égaré.

290 Quatre Tasses à anse, à côtes et à sujet de petites fleurs, avec leurs soucoupes en feuilles de vigne, de même dessin, et un Sucrier couvert, à fleurs naturelles.

Paillet. . . . . 43 *liv.* 19 *s*

291 Cinq Gobelets unis et à côtes, de différentes formes et grandeurs, sur leur soucoupe; le tout à différents dessins coloriés.

Payant. . . . . 18 *liv.* 1 *s*

292 Deux Tasses à anses, couleur citron, à cartouches
à fleurs, sur leur soucoupe, et une Tasse fond vert, à
cartouches fond blanc, avec sa soucoupe.

Payant. . . . . 21 *liv.* 1 *s.*

293 Deux Tasses à anses, à filets dorés et fleurs, sur
leur soucoupe, de même dessin, à tulipe prise dans
la porcelaine.

Aimée. . . . . 13 *liv.* 6 *s.*

294 Un Mortier à huit pans, imité sur l'ancienne porcelaine, avec soucoupe festonnée, et un Crachoir à
fleurs naturelles, aussi sur une soucoupe.

Le duc de Villequier. . . . . 18 *liv.*

295 Une Tasse à bouillon, couverte, à anse à sujet de
fleurs naturelles, sur son plateau de même genre.

Payant. . . . . 36 *liv.*

296 Cinq Tasses à anse, et leur soucoupe à dessin bleu
et blanc en dedans, et fond céladon clair en dehors.

Aimée. . . . . 15 *liv.*

VASES DE TERRE D'ANGLETERRE [1].

297 Deux Vases oblongs, forme de buire, dont un, à

---

1. La *Manufacture royale de Terre d'Angleterre* était éta-
blie vis-à-vis la porte du Pont-aux-Choux, à l'angle de la rue
Saint-Sébastien, près le Marais. Nous la voyons mentionnée
dans l'*Almanach général des Marchands* de 1772, sous le nom

figure de Triton assis sur le haut de la panse, à tête
de Dauphin sur la face, d'où sortent des guirlandes à
feuilles de roseau ornant le pourtour, à baguettes de
relief et culot cannelé; l'autre à figure de Faune,
tête de Bélier, guirlandes à branches de vigne et raisins, sur pied de bronze doré; hauteur, 14 pouces,
non compris le socle.

Joanne.. . . . .   300 *liv.*

298 Deux Bustes de terre cuite.

Julliot. . . . .   12 *liv.* 1 *s.*

---

de *Manufacture royale des Terres de France, à l'imitation de
celles d'Angleterre.* Elle était dirigée par M. Mignon, qui « en-
treprend, dit-il, des pièces extraordinaires pour les personnes
qui en commandent, et fait des envois dans le Royaume et chez
l'étranger. » Cette fabrique est encore mentionnée dans divers
ouvrages du temps, notamment dans *l'Indicateur parisien* et
dans le *Guide* de Thiéry. « On y trouve, dit ce dernier, des
services complets en plats, assiettes, tasses, etc., et on y exécute
toutes les commandes. »

Cette poterie, qu'on appelait aussi *Terre angloise,* était sans
doute une terre de pipe, ou l'imitation des produits anglais, tels
que le *Qween's ware, le Rockingham ware,* etc., fort à la mode
à cette époque. Quoi qu'il en soit, ces vases de terre d'Angleterre
étaient d'une grande élégance, comme le montre un charmant croquis crayonné par Gabriel de Saint-Aubin sur la marge de son catalogue. Ajoutons que des sculpteurs de talent, notamment
Sigisbert Adam, le frère de Clodion, travaillèrent pour cette fabrique, dont les produits, achetés pour les châteaux royaux,
étaient assez estimés pour qu'on les jugeât dignes d'être montés
en bronze doré.

ANCIENS LAQUES DU JAPON.

299 Deux Cabinets, fond noir et or en relief, chacun à
huit tiroirs à grandes rosettes à avanturine et or,
fermant à deux battants ouvragés tant en dedans
qu'en dehors; garnis d'équerres, charnieres, plaque
de serrure et de portants en bronze des Indes doré.
Le dessus de l'un présente des arbustes et un grouppe
de magots d'attitudes particulieres, dont un tient une
béquille; sur le battant à droite il y a une chûte
d'eau; sur le battant à gauche sont deux magots
dans un pavillon, et les côtés à légers branchages et
terrasses; le dessus de l'autre Cabinet est aussi à
grouppe de magots, dont un peche à la ligne; le battant à droite avec oiseau volant portant une pagode;
sur celui à gauche, des pagodes occupées à regarder
voler l'oiseau, et les côtés à mêmes sujets de ceux du
précédent. Ils sont placés chacun sur un pied en bois
d'ébene à bande de cuivre lisse, à entablement à frise
de bâtons rompus, supporté par quatre gaînes ornées
de chapiteau et pied de bronze doré; hauteur des
Cabinets, 19 pouces 6 lignes, sur 25 pouces 6 lignes
de large et 15 pouces de profondeur; hauteur des
pieds, 14 pouces.

Ces deux Cabinets, précieux par leur qualité,
sont intéressans, tant par le fini du travail des
différents sujets de pagodes en or de relief, que
par la singularité de leur caractere et leur fond

noir bien conservé, ce qui donne un avantage à ces rares morceaux.

Darnaud, tapissier. . . . . 2,499 *liv.* 19 *s.*

300 Une Boîte, en forme de losange, à deux cartouches fond avanturine, d'un ton argentin foncé : l'un à chimere et branchages, l'autre à petites fleurs en or de relief; le pourtour, de même fond, est à deux bandeaux à mosaïque, et le dedans du couvercle en avanturine à rosettes en or de relief. Cette boîte est endommagée.

Benoît. . . . . 37 *liv.*

301 Quatre Pieces, dont trois petits plateaux, deux en losange, l'un avanturine à oiseaux et branchages, l'autre fond noir à chimere, le troisieme rond, noir et or, et une petite boîte, aussi en losange, fond or et avanturine, à dessins fins; le tout en or de relief. La boîte est endommagée.

Julliot. . . . . 12 *liv.* 1 *s.*

302 Un Dessus de boîte formant plateau, fond noir à pagode singuliere, d'attitude courbée sur le dessous, et à dessins de châteaux et paysages en dedans; et un petit Vase de laque fond vert et rouge, garni de bouton, cercle et pied en argent.

Julliot. . . . . 54 *liv.*

303 Une autre Boîte carrée, fond noir et or, fermant à recouvrement, à pagodes, châteaux et arbrisseaux

sur le dessus, feuillage sur le pourtour, le dedans fond avanturine, et le dehors de la boîte noir et or et à rosettes ; posée sur un plateau carré, aussi fond noir, à quatre pieds de biche, le dessus à papillons, les bords et les pieds à dessin de légere broderie : hauteur 5 pouces 6 lignes sur 5 de long y compris le plateau.

Cornet.. . . . . 102 *liv.*

304 Sept Pieces en laque rouge, une Cassette carré long, un Plateau, trois Soucoupes creuses, dont une plus grande couverte, et une cuiller.

Le comte de Duras. . . . . 35 *liv.* 2 *s.*

305 Deux grands Plateaux, dont un de forme ovale, fond noir et avanturine, à sujet de cygnes ; l'autre carré long, fond noir, à grand magot debout, de genre très-singulier, portant une chimere ; le tout en or de relief. Les deux plateaux sont endommagés.

Le duc de Richelieu. . . . . 38 *liv.* 1 *s.*

306 Un autre Plateau, fond noir, à fleurs et feuillages en or de relief et le bord avanturine.

Le duc de Richelieu. . . . . 24 *liv.*

307 Un Cabinet de nouveau japon, fond noir, à sept tiroirs, fermant à deux battants, le tout à riche dessin de fleurs et feuillages en or de relief ; garni d'équerres, charnieres, plaque de serrure et portants de bronze des Indes ; hauteur, 12 pouces ; largeur et profondeur, 11 pouces.

Le duc de Richelieu. . . . . 120 *liv.*

308 Un Paravent à six feuilles, à sujet de chasses chi-
noises sur l'endroit, et l'envers à fleurs et feuillages :
hauteur, 7 pieds 6 pouces; chaque feuille, 18 pouces
6 lignes de large.

Ce Paravent est d'un riche dessin et de la
meilleure sorte de son espece.

Le duc de Villequier . . . . 240 *liv.*

309 Un grand Plateau fond noir et or.

Payant. . . . . 51 *liv.* 13 *s.*

310 Deux autres Plateaux aussi fond noir, l'un à pagodes, l'autre à oiseaux.

Julliot. . . . . 15 *liv.* 13 *s.*

311 Dix-sept Pieces, deux petites jattes endommagées,
une boîte ronde, deux couvercles fond noir, deux
cuillers de laque nouveau japon et neuf grandes soucoupes avanturine, avec un plateau en coquille et vernis de la Chine.

Le vicomte de Choiseul . . . . 58 *liv.* 18 *s.*

MEUBLES CURIEUX DE MARQUETERIE.

Le genre des Meubles qui coopérent au parfait accord de la précieuse Collection de ce Cabinet forme encore une partie très-importante par l'art et la richesse de leur ensemble; les Amateurs en jugeront par les ouvrages qui la composent, tant en marqueterie qu'en pierres de rapport et en tables de marbres rares, sur des pieds du goût le plus recherché qui se soit vu.

312 Deux grands Cabinets, faits par *Boule,* de marqueterie cuivre et étain, premiere partie sur fond écaille, les champs en bois d'ébene; garnis supérieurement en bronze, tant sur la face que sur les côtés, et supportés par un socle à têtes et à six fortes griffes de Lion.

Ils sont composés chacun d'un soubassement ouvrant à trois battants de marqueterie et garnis de quart-de-rond, frise à soleils et fleurs de lis, médaillon à chiffre couronné, cadres et autres accessoires; de colonnes ioniques torses, en écaille couleur lapis, dont quatre se présentent sur la face enrichies de chapiteau, base et de branchages à feuilles de vignes et raisins; d'arriere-corps à quatre pilastres, fond écaille rouge, et à trois panneaux de marqueterie : celui du milieu à cartouche en écaille couleur lapis, orné de cadre, soleil couronné et différents ornemens d'arabesques comme les deux autres, qui sont à chiffres aussi couronnés, les pilastres relevés de chapiteau, base, et de graines montant dans les cannelures; ces colonnes et leur arriere-corps supportent un entablement et une corniche enrichis de soleils, fleurs de lis, et de tous les accessoires relatifs à leur ordre, et sont surmontés d'un attique à quatre pilastres en ressaut, dont les trois panneaux d'intervalle sont revêtus, l'un d'une table carré long de marbre brocatelle de Venise, les autres de médaillon ovale d'albâtre oriental, ornés de leur cadre : cet attique est terminé par un fronton, orné de moulures, trophées, et d'une renommée de bronze doré, ainsi que tous les ornemens dont ces deux meubles se trouvent enrichis, à l'exception des têtes et des griffes de Lion supportant le socle, qui sont en bois sculpté verni en couleur antique et dorées; hauteur, 11 pieds 6 pouces; largeur, 6 pieds 10 pouces 6 lignes; profondeur, 2 pieds 6 pouces.

Ces deux Cabinets, majestueux par leur genre et l'immense richesse de leurs ornemens, sont d'un ensemble fait pour en imposer dans une galerie.

Le duc de Villequier[1]. . . . .   2,451 *liv.*

---

1. D'après une note manuscrite qu'on lit en marge de l'exemplaire appartenant à la Bibliothèque de l'Arsenal, ces cabinets étaient revenus à 24,000 livres : « Ils avoient été faits par ordre de Louis XIV. Ce prince venant à mourir, l'ouvrier les vendit comme il put... Le duc d'Aumont les a achetés 7,000 livres, il y a 15 ans. »

Il s'agit ici d'*André-Charles Boulle*, le plus célèbre des artistes de ce nom. M. A. Jal cite, comme le premier des ébénistes de cette famille qui eut de la réputation, *Pierre Boulle*, protestant, qui avait, en 1617, un logement au Louvre comme « tourneur et

3i3 Deux autres Cabinets, premiere partie de cuivre
et étain, ouvrant chacun à un battant à panneau
à mosaïque en dedans, fermant trois tiroirs à rinceaux d'ornement, le tout de marqueterie; ce battant est revêtu, sur la face, de quinze panneaux à
pierres de rapport, du plus parfait ouvrage de Florence, à sujets d'oiseaux, branchages, fleurs et fruits;

---

menuisier du Roy ». Il cite encore un *Jean Boulle*, né en 1610,
sans doute parent du précédent, qui était *marchand ébéniste*, et
avait aussi un logement « aux galeries du Louvre ». Il fut père
d'André-Charles Boulle, qui naquit en 1642, et mourut âgé de
quatre-vingt-dix ans. Le *Mercure de France* (mars 1732) an-
nonça sa mort en ces termes : « André-Charles Boulle, natif
de Paris, architecte, peintre et sculpteur en mosaïque, ébéniste-
ciseleur et marqueteur ordinaire du Roy, né en l'année 1642, le
10 novembre, est mort à Paris dans les Galleries du Louvre, où
il avoit l'honneur d'être logé depuis l'année 1672. Cet illustre
Artiste, dont le mérite étoit connu en France et dans les Pays
Étrangers, est infiniment regretté par les amateurs des beaux-
arts. Il laisse des fils de sa Profession, héritiers de ses talens et
de son logement aux Galleries du Louvre. »

L'acte mortuaire, retrouvé par M. A. Jal, porte que le célèbre
marqueteur « a esté inhumé en présence de *Jean-Philippe
Boulle*, de *Pierre-Benoît Boulle*, d'*André-Charles Boulle* et de
Charles-Joseph Boulle, *tous les quatre ébénistes* et fils dudict
defunct ». Il y avait encore un *Pierre Boulle*, ébéniste, qui
demeurait, vers 1704, rue du Chantre, et qui pourrait bien être
le même que *Pierre-Benoît*, cité dans l'acte de décès.

L'espace nous manque ici pour nous étendre sur la vie et les
ouvrages d'André-Charles Boulle. Citons seulement, outre les
meubles que chacun connaît, le revêtement du cabinet qui renfermait la collection de porcelaines du Grand Dauphin, à Versailles,
et que d'Aviler mentionne dans son *Dictionnaire d'Architecture*,
comme « un des plus excellens ouvrages de cette espece ».

Boulle travaillait tantôt d'après ses compositions, tantôt d'a-

les côtés le sont de 5 autres panneaux de mêmes
pierres et sujets ; leur corps de forme presque carrée,
et à entablement à cannelures, fleurons figurés en
marqueterie, à carré en ressaut sur les angles, à pilastre fond ébene à bandes de cuivre lisse, à consoles
du haut et à petit panneau par bas de marqueterie,
champs à frise de rinceaux, cuivre et étain sur fond
écaille formant encadrement des pierres de rapport,
tant sur le devant que sur les côtés, et socle en ébene
à carrés en avant corps ; ils sont ornés dans l'enta-

---

près les dessins d'architectes en renom, tels que Mansard, etc.
Ses meubles ont eu de tout temps le privilége d'être goûtés en
dépit des caprices de la mode : on savait très-bien, du reste, au
siècle dernier, les distinguer de ceux du « *genre de Boule* » ou
du « *goût de Boule*, » — car c'est ainsi qu'on estropiait son nom ;
nous le voyons même appelé *M. Boul* dans le *Livre commode*
de 1692. « Les ouvrages de cet habile homme, dit Gersaint,
sont toujours recherchés avidement par les Curieux, quoiqu'ils
soient d'un goût différent de celui qui règne aujourd'hui.....
Jamais on n'a travaillé avec plus de goût, plus de soin, plus de
solidité et plus d'honneur que lui, et rien ne sortoit de ses
mains qui ne fût à l'abri de tout reproche, même jusques aux
parties qu'il étoit obligé de confier au dehors..... »

A la suite de Boulle, et après ses fils, il convient de nommer
Cressent père et fils, qui firent aussi des meubles en « *bois
écaillés et cuivre.* » Cressent fils, qui était « *ébéniste des palais
du duc d'Orléans*, et demeurait rue Notre-Dame-des-Victoires,
au coin de la rue Joquelet, se rendit célèbre par ses meubles « à
la Régence, de bois satiné, de violette, de Cayenne, amarante,
de palissandre, etc. »

Nous reviendrons ailleurs sur cet ébéniste, trop peu connu
aujourd'hui, et dont les ouvrages, comme il nous le dit lui-
même, « peuvent se placer dans les plus beaux appartements
des personnes les plus curieuses. »

blement de moulures à oves, fil de perles et baguettes, de carré à rosette avec volutes à chûte d'ornement sur le haut de chaque pilastre, et par bas
de petit cadre aussi à chûte, chaque battant, comme
les côtés, le sont de cadre à compartimens à moulures en feuilles de laurier avec rosettes, et le socle de
moulures, rosasses, pieds carrés à feuilles d'ornement
et boule : le tout de bronze doré d'or mat, avec leur
dessus de marbre brocatelle de Venise; hauteur,
3 pieds 1 pouce, sur 2 pieds 4 pouces de large et
18 pouces de profondeur.

Ces deux Meubles, précieux par le choix des
panneaux de pierres de rapport qui y sont em-
ployées, et à remarquer par le bel assortiment
du ton éclatant des cailloux et la finesse du travail, sont d'ailleurs très importans par leur
composé, leur genre de marqueterie et la richesse de leurs ornemens en bronze doré d'or
mat.

Paillet, pour le Roi. . . . . 5,708 *liv.*

314 Un bas d'Armoire, aussi premiere partie en cuivre,
étain et fond écaille rouge sur la face et les côtés, ouvrant à trois battans, garnis chacun de cadre à oves
et fil de perles, de mascaron portant une corbeille à
fleurs et fruits, celui du milieu, sujet de Femme, les
deux autres de Faune; sa corniche, ornée de quarts-de-
rond, médaillon à chiffre couronné, branches de laurier et à frise bombée en marqueterie, porte un

double entablement à deux tiroirs et panneaux à légers cadres, avec mascarons, terminé par une frise à
feuilles d'ornement; les côtés revêtus de cadres à entrelacs et de même chiffre que le médaillon, la base
garnie de forte moulure et plate-bande, le socle en
bois d'ébene à carrés en avant-corps, rosasses et
pieds, dont quatre à feuilles d'ornement et boule, les
deux autres en Limaçon, le tout de bronze doré, et
le dessus de marbre brocatelle d'Espagne; hauteur,
42 pouces 6 lignes; largeur, 44 pouces; profondeur,
14 pouces 6 lignes.

Ce meuble est d'un riche effet par son genre
de marqueterie, sa forme et l'ensemble de ses
ornemens.

Le duc de Villequier. . . . . 1,201 *liv.*

315 Deux Encoignures, contre-partie, ouvrant chacune à un battant orné d'équerres à plate-bande et
rinceaux contournés, de baldaquin servant de couronnement à un grouppe de figures placées sur un
support avec accessoires, et qui, par leurs attributs,
caractérisent la Géométrie et la Géographie; le corps
de ces morceaux est à entablement à quart-de-rond
en feuilles de laurier, frise à feuilles d'ornement, et
à deux pilastres de chaque côté, l'un garni de rosasse ovale, renfoncé près le battant, l'autre chan-
tourné du haut, faisant avant-corps, l'est de tête de
lion, consoles à larges rinceaux et chûtes de laurier,
et le socle en ébene, de moulures, rosasses sur les
carrés en ressaut, supportés chacun par un pied à

feuilles d'ornement; le tout de bronze doré, avec dessus de marbre de brocatelle; hauteur, 3 pieds, sur 32 pouces 6 lignes de face et 20 pouces de profondeur.

Ces deux pieces sont faites pour représenter dans un Cabinet, par leur espece et leur composé.

Donjeux. . . . . 1,671 *liv.*

316 Une Commode de *Boule*, premiere partie, avec son dessus de même travail, à quatre pieds de biche, ouvrant à trois tiroirs; garnie de quart-de-rond, cadres, de fort mascaron sur le tiroir du milieu, de chûtes, de larges rinceaux se contournant sur les entrejambes de la face et des côtés, et avec autres accessoires de bronze doré.

Le Brun. . . . . 400 *liv.*

317 Une Pendule, mouvement par M. *Ferdinand Berthoud* [1], à secondes, à équation par cadran mobile, sans sonnerie, allant quatre mois; ce mouvement est renfermé dans une boîte de marqueterie, à quatre cariatides représentant les Saisons, qui en supportent la corniche à avant-corps, garnie du haut de globe,

---

1. On a plusieurs ouvrages de ce célèbre horloger : *l'Art de conduire et de régler les pendules et les montres*, Paris, 1759, in-12. — L'*Essai sur l'horlogerie*, 2 vol. in-4°, fig. — Le *Traité des horloges marines*, 1773, in-4°, fig. — Ferdinand Berthoud demeurait rue du Harlay.

mascarons, consoles; le cadran orné de douze médaillons figurant les signes du Zodiaque, et le dessous, d'une figure caractérisant le Temps; les côtés le
sont de panneau à mosaïque et médaillon, placée
sur un pied fond écaille terminé par une frise de marqueterie aussi à avant-corps, et à quatre consoles
en rinceau, cette Pendule est, de plus, posée sur un
piedestal dont l'entablement à corniche cintrée, à
riche quart-de-rond, est soutenu dans le milieu par
une gaîne à barometre sur la face, et aussi supportée
des angles par quatre consoles en écaille, relevées de
figures de femme-terme à chapiteau; le tout sur socle
de marqueterie garni de moulures de bronze doré,
ainsi que tous les autres ornements; et base en bois
peint; hauteur, 7 pieds, sur 26 pouces de large et
16 pouces de profondeur.

Cette Pendule mérite attention par son riche
composé.

Donjeux. . . . . 1,400 *liv.*

TABLES DE MARBRES RARES SUR LEURS PIEDS.

Il ne s'est point encore vu de Meubles en
cette espece comparables à ceux que nous présentons en Jaspe et en Porphyre sous les deux
numéros suivants; ce sont des chefs-d'œuvre
précieux par leur matiere, par le genre unique
de leur composé et l'exécution achevée de leurs

ornemens; tout le monde admirera la supériorité de ces morceaux, en considérant les soins
que les coupes des entablemens ont demandés
pour les dresser, le travail immense que la
forme des gaînes et la taille des panneaux renfoncés pris dans le bloc ont exigé; les difficultés
de la monture des ornemens en bronze dont ils
sont relevés et l'armature de l'intérieur des
entablemens pour y donner toute solidité sont
encore à remarquer; le bloc avec lequel on a
fait les deux tables de jaspe vert et leurs pieds
a été trouvé à Rome, en 1766, dans une fouille
qui fut faite dans le Temple de Vénus.

318 Deux Tables de porphyre, de 36 pouces de long,
   21 pouces 6 lignes de profondeur, à filet encadré
d'une baguette à fleurons et perles, sur leur pied à
entablement à carrés en ressaut, supporté par quatre
gaînes, le tout de porphyre : chaque pied est relevé,
dans son entablement, d'une frise à branches de roses
à entrelacs en forme de couronne, ces entrelacs ren-
ferment un fleuron tenant à une petite baguette qui
passe dans cette frise régnant entre deux moulures,
l'une à feuilles d'acanthe et perles, l'autre à petites
rosettes; les gaînes sont richement ornées de chapiteau soutenu par deux figures de Femme terme, ados-
sées, de style Epyptien [1], formant console à volutes,

---

1. Quelques personnes croient à tort que c'est à la suite de
l'expédition d'Égypte (1798-1801) qu'a commencé la vogue du

avec guirlandes de roses et fruits, et les panneaux
renfoncés pris dans le bloc, de cadre à feuilles d'eau
et chûte de myrte, avec pied à culot aussi à feuilles
d'eau, d'un fini parfait, en bronze doré d'or mat,
G.; hauteur, 32 pouces; épaisseur, 16 lignes. *Voyez*
la planche, n° 318, pour la forme et l'ensemble [1].

Julliot, pour la Reine. . . . .   23,999 *liv.* 19 *s.*

319 Deux Tables de jaspe vert, de 36 pouces de long,

---

style égyptien. De même que le style dit de l'*Empire*, il date de
beaucoup plus loin : c'est un fait dont on pourra se convaincre
en examinant la planche où sont gravées ces deux tables, qui
furent probablement faites entre 1775 et 1780. Vers cette époque
le style égyptien était également employé en architecture :
témoin la pyramide « de caractère *égyptien* » élevée par ordre
du duc de Chartres dans le « Jardin anglois de Monceaux, » et
dont les chapiteaux étaient formés par des têtes *égyptiennes*.

Le goût égyptien avait même gagné jusqu'aux étoffes, comme
le montre cet article que nous copions dans des *Comptes manuscrits* de la comtesse Du Barry, conservés à la Bibliothèque
impériale :

« 1774. — 10 aunes et demie d'*Égyptienne*,
roze et blanc, à 9 liv. 10 s.. . . . . . . 99 liv. 15 s. »

On verra plus bas (n° 345) une paire de bras « *dans le goût
Égyptien*, faite par Gouthière.

1. Nous avons donné dans la *Chronique des Arts* (7 avril
1867) la description de deux magnifiques tables de Gouthière,
semblables à celles-ci, qui avaient été apportées de Saint-
Pétersbourg à Paris, et qui sont aujourd'hui en Angleterre.

Un catalogue porte cette note manuscrite du temps : « Les
ornements ont été payés 2,500 livres à Gouthière. » Ce renseignement est confirmé par une note de la main de Gabriel de
Saint-Aubin.

21 pouces 6 lignes de profondeur, à filet encadré d'une baguette à fleurons et perles, sur leur pied à entablement à carrés en ressaut, supporté par quatre gaînes pleines, le tout de jaspe; chaque entablement est orné d'une frise à entrelacs et fleurons de différents genres entre deux moulures, l'une à oves et fil de perles, l'autre à doubles baguettes travaillées en cordes, et de couronnes à feuilles de vignes et raisins sur les carrés; les gaînes sont enrichies d'une figure de femme-terme, drapée dans le style Égyptien; portant une corbeille surmontée d'un chapiteau; les faces le sont aussi d'un caducée, feuilles de myrte et fleurons d'arabesques formant chûte, les côtés de thyrse entrelacé de branches de lierre et fleurons, et terminées chacune par un pied à culot à feuilles d'ornement et boule : le tout de bronze doré mat. G. : *Voyez* la planche, n° 319, pour le détail d'un des pieds [1].

Paillet, pour le Roi. . . . . 19,580 *liv.*

320 Deux Tables de vert antique à gorge et moulures en dessous, de 51 pouces de long, 28 pouces 6 lignes de profondeur, sur leur pied à entablement à frise ouvragée dans le genre d'arabesques, avec aigle dans le milieu, à deux moulures : l'une à cannelures, l'autre à double baguette de ruban et à carrés en avant-corps relevés d'une tête de Mercure; supporté

---

1. « Elles coûtent 32,000 livres, ajoute en marge Gabriel de Saint-Aubin, parce qu'elles ont été livrées après la mort du duc. »

par quatre gaînes à cannelures et autres accessoires, avec entrejambes à moulures à fil de perles, et à baguettes entrelacées de feuilles de myrte : le tout de bois sculpté, dont les ornements sont dorés et les champs peints en gris blanc; hauteur des Tables, 33 pouces; épaisseur, 10 lignes.

Ces deux Tables sont d'un mérite inappréciable par la perfection de leur genre et par leur volume en une aussi rare matiere ; tous les connoisseurs jugeront combien il seroit difficile d'en trouver de semblables. Leurs pieds sont d'un goût régulier. La dalle dont on a fait ces deux tables a été trouvée à Rome, en 1766, dans une fouille qui se fit à la ville des Empereurs, située sur le Mont Palatin, près les bains de Julie.

Paillet, pour le Roi. . . . . 4,501 *liv.*

321 Une autre Table de vert antique plaquée, de 60 pouces 6 lignes de long, 33 pouces de profondeur, sur son pied de bois sculpté doré, à entablement à frise de goût d'arabesques, entre deux moulures, l'une à feuilles d'acanthe, l'autre à double baguette, avec carrés en ressaut à tête de lion, supporté par huit gaînes en forme de carquois, surmontées de chapiteau, entourées de branches de laurier et à deux parties d'entrejambes ; hauteur, 33 pouces.

Cette Table est d'un bel effet par la qualité de son espece et le bon genre de son pied.

La duchesse de Villeroi. . . . . 1,702 *liv.*

322 Une Table de marbre *Piombine* de 60 pouces 6 lignes de long, 33 pouces de profondeur, sur son pied en bois sculpté et doré, semblable à celui de l'article précédent; épaisseur, 2 pouces.

Cette Table est intéressante par la singularité de son espece et son beau volume.

La duchesse de Villeroi. . . . . 1,500 *liv.*

323 Une autre Table octogone de granit rose, de 61 pouces de diamétre, 2 pouces 4 lignes d'épaisseur, supportée par une espece de fût de colonne accompagné du haut de huit consoles à rinceaux, chacune avec support carré long à tête de lion de plomb doré, et se terminant en large piédouche à cannelures, en bois sculpté, peint en granit gris, et les ornements saillants dorés, placé sur socle peint en porphyre; hauteur, y compris le pied et le socle, 27 pouces.

Cette Table, admirable par son excellente espece d'ancienne roche, surprend par son volume extraordinaire, surtout en une aussi rare matiere; son pied, qui n'avoit été fait que pour modele, est d'une forme simple et mâle; ce morceau est fait pour être supérieurement placé dans le milieu d'une grande piece. Le bloc employé à faire cette table a été trouvé à Rome, en 1767, dans l'ancien Port de Trajan.

Julliot, pour le Roi. . . . .   4,500 *liv.*

324 Deux Tables d'albâtre fleuri, de 22 pouces 9 lignes de long, 10 pouces 2 lignes de profondeur, chacune sur leur pied à entablement à pilastre; cannelures en cuivre lisse, avec fleurons sur les angles, à frise enrichie de fruits d'agate; feuillages de jaspe universel, et autres cailloux travaillés en relief sur un fond de marbre noir incrusté de petites équerres de jaspe fleuri et encadrés de bandes de lapis. Cet entablement est supporté par quatre gaînes rondes plaquées en bois d'ébene et filets de cuivre, garnies de chapiteau et pied à feuilles d'eau et boules de bronze doré; hauteur, 26 pouces.

Ces deux Tables sont à remarquer par la beauté et l'extraordinaire de leur espece; elles ont les nuances et les accidens du jaspe, et le rare composé de leurs pieds en cailloux précieux répond au mérite des tables [1].

Bertrand. . . . .   2,410 *liv.*

325 Une autre Table cintrée, de granit rose, de 48 pouces de long, 24 pouces de profondeur, sur son

---

1. Randon de Boisset, 1,520 liv. — Mazarin, 2,415 liv. — Ici, 2,410 liv. (Note manuscrite de Gabriel de Saint-Aubin.)

pied à entablement à moulures à oves, frise à cannelures et fleurons, supporté par quatre pieds en forme
de cornet d'abondance, surmontés de chapiteaux, entourés de branches de vigne, se terminant en cannelures torses et à pied de biche, avec bandeau à trois
compartiments à jour servant d'entrejambes; le tout
en bois sculpté, dont les ornements sont dorés et les
fonds peints en gris blanc; posé sur socle aussi de
bois peint en bleu turquin; hauteur, y compris le
socle, 32 pouces 6 lignes; épaisseur, 15 lignes.

Cette Table est de la belle qualité de son
genre; son pied, de forme singuliere et de travail
recherché, produit un effet très agréable, sur-
tout étant posé devant une glace.

Julliot, pour le Roi. . . . . 2,700 *liv.*

326 Une Table de différents marbres et cailloux de
rapport, de 5 pieds 6 pouces de long, 33 pouces 6 lignes de profondeur; le milieu est orné d'un cartouche
à tulipes, roses, œillets, feuillages et perroquet; le
surplus de la table l'est de rinceaux et fleurs, et entouré d'un quart-de-rond de marbre Sicile; placée sur
pied de bois sculpté doré à entablement à avant-corps
et frise de goût d'arabesques, entre deux moulures à
feuilles de diverses especes d'ornement, supporté sur
chaque angle par trois colonnes ornées de chapiteau,
cannelures, épis et base; hauteur, 2 pieds 8 pouces.

Cette Table, estimable par le genre curieux

et riche de son travail, est placée sur un pied de bon genre.

Maillard, pour M. de Bauffremont. . . . .   822 *liv.*

327 Une autre Table de granit rose, polie de deux côtés, travaillée à baguettes entre deux filets, formant quart-de-rond en dessous de 57 pouces 6 lignes de long, soutenues par deux fortes consoles cannelées de bois peint en gris blanc; hauteur, 30 pouces 6 lignes; épaisseur, 2 pouces.

Cette Table est à distinguer par sa qualité, par son épaisseur et le travail du quart-de-rond; le genre des deux consoles qui la supportent lui donne une noble simplicité.

Julliot, pour le Roi. . . . .   911 *liv.*

328 Une Table de granit rose, de 47 pouces de long, 13 pouces de profondeur, sur son pied de bois sculpté doré, à entablement à moulures à feuilles d'acanthe, panneaux renfoncés, ornés de baguettes à rouleau de ruban, avec rosettes sur carrés en ressaut, supporté par deux consoles à enroulement à volutes et rinceaux travaillés à moulures en fil de perles, et terminées chacune par une chûte à feuilles de chêne; épaisseur, 15 lignes.

Paillet. . . . .   170 *liv.*

TABLES DE DIFFÉRENS MARBRES SUR LEURS PIEDS.

329 Une Table de marbre séracolin encadré de portor,

portant 53 pouces de long, 28 pouces de profondeur, sur son pied à quatre gaînes de bois sculpté et peint.

Payant . . . . 121 *liv*.

33o Une autre Table cintrée de marbre d'Antin, de belle qualité, à gorge et moulure de 57 pouces de long, 19 pouces 6 lignes de profondeur, sur son pied à entablement et à quatre gaînes, avec entrejambes de bois sculpté doré.

Payant.. . . . . 133 *liv*.

331 Une Table de marbre blanc, à gorge de 10 pieds de long, 36 pouces de profondeur, sur son pied à entablement supporté par douze gaînes à deux parties d'entrejambes de bois peint; épaisseur, 2 pouces 6 lignes.

Delorme. . . . . 204 *liv*.

332 Une autre Table de breche violette, de 64 pouces de long, 3o pouces de profondeur, sur son pied à entablement supporté par six gaînes, avec entrejambes de bois sculpté doré.

Donjeux. . . . . 25o *liv*.

333 Une Table de marbre blanc chantournée sur son pied à balustres et à doubles tablettes, terminée par quatre gaînes de bois peint.

Le duc de Villequier. . . . . 84 *liv*.

334 Une autre Table de marbre de Flandre, de 66 pouces de long, 32 pouces de profondeur et 2 d'épais-

seur, supportée par deux fortes consoles à mufle et griffe de lion, cannelures, fleurons, rinceaux d'ornement et guirlandes, de bois sculpté doré.

Payant. . . . . 120 *liv.* 1 *s.*

PENDULES DE GOUT.

La partie des Pendules, Bras, Lustre et Lanternes se présente ici dans un genre recherché, méritant l'attention des Amateurs.

335 Une Pendule, mouvement par M. *Digue*, marquant les heures, les minutes du temps vrai et du temps moyen, et aussi le quantieme du mois par une ouverture faite dans le cadran. Cette Pendule est renfermée dans une boîte forme de lyre, ornée de branchages de laurier, surmontée d'une Renommée tenant une couronne et placée sur un nuage; sa terrasse, à larges rinceaux, supporte sur la droite deux figures, l'une assise représentant la France, et l'autre Minerve, debout, protégeant les Arts qui, sur la gauche, sont caractérisés par trois enfants; hauteur, 38 pouces; largeur, 31 pouces.

Cette Pendule est d'un riche composé.

Delorme. . . . . 1,600 *liv.*

336 Une Pendule sans boîte, mouvement à jour aussi par M. *Digue*, marquant les minutes du temps comme la précédente, les demi-secondes, l'échappement, ou les chevilles du même côté; le *Pendule* est

simple, porté par une suspension à ressort attachée à un chassis de compensation faisant corps avec la platine ; elle est à remontoir et va dix jours ; placée sur un socle de bois de rose, avec cage de verre bombé ; hauteur, non compris le socle, 13 pouces.

Delorme. . . . . . ˙ . . . . 521 *liv*.

337 Une Pendule et un Barométre, faits pour placer chacun dans l'intérieur d'un panneau de boiserie, ayant d'ornement extérieur un cercle à fil de perles de bronze doré renfermant leur lunette de crystal ; la Pendule, par M. *Thiou* l'aîné à Paris [1], est à sonnerie à ressort, mouvement à poids, à secondes et à équation, à deux aiguilles, l'échappement à double levier, le pendule simple avec suspension à ressort.

La duchesse de Villeroi. . . . . 297 *liv*.

338 Une autre Pendule aussi faite pour être placée dans l'intérieur d'un panneau de boiserie, mouvement par M. *Ferdinand Berthoud* à Paris ; elle est à demi-secondes, à équation, à deux aiguilles, sonnant les heures et les quarts, reporte l'heure au quart, silence par-tout quand on veut, sans être sujet à mécompter ; l'échappement est un ancre à repos ; pendule de compensation à baguette, suspension à ressort, mouvement à fusée et pied de biche pour la remonter. Ce mouvement est revêtu d'une face de car-

---

1. Thiout a publié un *Traité de l'Horlogerie mécanique et pratique*, Paris, 1741, in-4°, fig.

tel, genre d'arabesques, de 5 pieds 6 pouces de haut,
dont l'encadrement, travaillé à oves et fil de perles,
soutenu du haut par un ruban à nœud, accompagné
de branches à feuilles de chêne entrelacées, est enrichi, sous sa partie inférieure, de cornets d'abondance ouvragés, et d'une suite de branches de chêne,
avec guirlandes de fleurs et fruits noués par une
écharpe, le tout se terminant par deux forts glands.

Le mouvement de cette Pendule va un mois
et est estimable, tant par sa maniere de rendre
l'heure au quart que par ses dimensions et son
exécution; l'ensemble de son cartel, d'un effet
supérieur, est aussi des plus recherchés par le
goût et le fini de ses ornemens en bronze doré
d'or mat. G.

Le duc de Villeroi. . . . . 3,799 *liv.* 19 *s.*

339 Une nouvelle Pendule dans sa boîte d'acajou, faite
par M. *Robin,* horloger du *Roi* [1], à secondes, à grande
vibration, à remontoir, à équation, à deux aiguilles;
elle marque le quantieme du mois par une aiguille
qui fait le tour du cadran dans le cours d'un an. Le

---

1. Nous avons vu de très-belles pendules de Robin où on lit
après son nom : *Horloger de la Reine ;* il est porté en cette qualité dans les *Almanachs de Versailles,* comme faisant partie de
la maison de Marie-Antoinette. On le voit figurer, en 1784, dans
les comptes du petit Trianon, pour une horloge à cadran sonnant les quarts, qui lui fut payée 18,000 livres, — environ
soixante mille francs d'aujourd'hui.

cadran est disposé de maniere qu'en considérant son centre pour un pôle, l'aiguille minuelle répond tous les jours à la hauteur du soleil.

Par cette construction le mouvement qui divise le temps et le mouvement qui fait marcher le pendule pendant un temps donné sont séparés; on en voit tous les avantages dans un Mémoire présenté à l'Académie par l'auteur en 1777, approuvé et enregistré dans le recueil des machines de l'Académie royale des Sciences, par le rapport de MM. les Commissaires. Ils conviennent que cette construction est préférable, tant par la solidité de la Pendule que pour la régularité de sa marche; l'échappement est à cheville et à réservoir; la suspension, à couteau, est indépendante du mouvement, de maniere qu'on peut ôter le mouvement de sa boîte, pour y travailler, sans déranger le régulateur; cette précaution est essentielle pour lui conserver toutes ses qualités; le pendule ou régulateur est à chassis et n'a d'autre ajustement que les points de contact; sur ce pendule est placé un piromètre à cadran d'émail, pour rendre compte des effets de la température sur le corps.

La boîte est en forme de pilastre, dont la corniche et le socle sont travaillés de profil uni avec panneaux de glace pour laisser voir la méchanique; les poids et le pendule se trouvent séparés, dans toute la hauteur de la boîte, par un double fond, pour empêcher un grand inconvénient : c'est que lorsque les poids passent devant la lentille, ils sont mis en mouvement par la commotion de l'air, et, à mesure qu'ils des-

cendent, les vibrations deviennent plus lentes, chan-
gent leur vîtesse, et souvent se détruisent tout-à-fait.
Au-dessous du cadran est un ovale dans lequel est
un mouvement qui indique le jour de la semaine, le
quantieme du mois, les phases de la lune et son âge;
cette Pendule va quarante jours sans avoir besoin
d'être remontée; l'auteur n'a rien laissé à desirer
pour la perfection de cet ouvrage.

Le Brun, pour M. de Saint-James [1]. . . .   4,223 *liv.*

---

1. Trésorier de la marine, place Vendôme, 3; un des plus
riches financiers de son temps. Son luxe avait fait scandale et on
parla longtemps de ses folies pour Mlle Beauvoisin. « Ce magnifique seigneur, lisons-nous dans les *Mémoires secrets*, ayant
plus d'argent que de goût, avoit fait des dépenses énormes pour
elle. On estime qu'il faut qu'il lui ait donné, en bijoux seuls et
autres effets, environ *quinze à dix-huit cent mille francs*, outre
vingt mille écus par an. Sa vente est aujourd'hui l'objet de la curiosité non-seulement des filles élégantes, mais encore des
femmes de qualité. On y compte deux cents bagues plus superbes l'une que l'autre; on y voit des diamants sur papier,
comme chez les lapidaires, c'est-à-dire non montés; ses belles
robes montent à quatre-vingts; on parle de draps de trente-
deux aunes, tels que la reine n'en a point. Enfin, depuis la
vente de la fameuse *Deschamps*, on n'en connoît pas en ce genre
qui ait fait autant de bruit. »

M. Baudard avait orné avec beaucoup de luxe sa maison et ses
jardins de Saint-James, où il avait prodigué les statues et les
vases de marbre. Louis XVI l'avait surnommé *l'homme au rocher*, parce qu'il avait rencontré un jour un rocher énorme,
traîné par quarante chevaux et destiné aux jardins de Saint-
James.

Toute cette fortune sombra en 1787; le financier fit banqueroute, on l'envoya à la Bastille, puis on fit « la vente de ses
effets du plus grand prix, et à très-bon compte ».

340 Une autre Pendule sonnant les heures et demies, allant trois mois sans être remontée, le mouvement par M. *Ferdinand Berthoud* à Paris, dans sa boîte surmontée d'une Flore, supportée par un fût de colonne cannelé, à branches de chêne, de laurier, et ornée de trois autres figures allégoriques assises sur une riche terrasse, le tout de bronze doré, à l'exception des figures, qui sont couleur antique; hauteur, 23 pouces, et 24 pouces de largeur.

Donjeux. . . . . 693 *liv.*

341 Une Pendule, mouvement par M. *Millot*, sonnant les heures et demies, dans sa boîte de forme carrée à pilastres avec chapiteaux et pomme de pin, corniche cintrée à moulures à oves surmontée d'une aigle, socle à frises d'arabesques et à mascarons, soutenue de quatre pommes de pin et base; le tout de bois sculpté, dont les ornements sont dorés et le fond peint en porphyre; hauteur, 24 pouces 6 lignes.

Cette Boîte, de bon genre, n'avoit été faite que pour modele.

Le président Hocquart[1]. . . . . 584 *liv.*

342 Une Pendule de campagne, sonnant les heures et demies, mouvement par M. le *Febvre*, dans sa boîte de bronze doré; hauteur, 10 pouces.

---

1. De la cour des Aides, rue Payenne, 6. Il figure comme acheteur dans plusieurs anciens catalogues, notamment dans celui de Randon de Boisset.

On observe qu'il y a une Pendule faite par M. Ferdinand Berthoud, dans sa boîte de marqueterie qui est placée dans la partie des meubles de ce genre.

Joanne. . . . . 200 *liv.* 2 *s.*

BRAS DE BRONZE DORÉ D'OR MAT.

343 Une paire de Bras de goût d'arabesques de six pieds de haut, dont la partie principale présente un carquois très-ouvragé, enrichi de quatre branches de rose entrelacées et attachées par un nœud de ruban, avec bobeche, chacune formée d'une fleur relative à leur espece; ce carquois est soutenu par trois chaînons passant entre deux branches de lierre contournées en lyre, surmontées d'une couronne de rose nouée avec les chaînons à un cartouche oval, aussi à branches de lierre, et terminé par un clou à nœud de ruban; l'un de ces Bras est orné au-dessous du carquois d'un trophée de flêches, tenues par un nœud de ruban, qui garnit le milieu d'un cartouche oval figuré par deux branches de myrte, dont une descend former chûte d'ornement en s'entrelaçant avec deux rubans à glands; l'autre l'est d'un trophée de thyrse et d'attributs de faune, et même cartouche d'ornement en lierre, avec chûte de feuilles de vigne, raisins et rubans.

Ces Bras et les deux suivans sont d'un effet

surprenant par l'ensemble, la richesse et le fini de leurs ornemens de bronze doré d'or mat. G.

Le duc de Villequier. . . . . 9,127 *liv.*

344 Une autre paire de Bras entièrement pareils aux deux précédents, à l'exception du genre des ornements qui sont au-dessous du carquois, dont l'un, à trophée de caducée, massue, castagnettes et autres attributs, renfermés par un cartouche oval à branches de chêne, se termine par deux bouts de ruban; l'autre, à trophée de cors de chasse, carquois, houlette, dans un cartouche à branches de jasmins s'entrelaçant en chûte d'ornement, avec deux rubans à glands[1].

Paillet, pour la Reine. . . . . 9,100 *liv.*

345 Une paire de Bras à quatre branches, à figure de femme-terme, drapée dans le goût égyptien, formant console à pilastre orné d'épis entre deux moulures à feuilles d'eau et fil de perles, se terminant par un rouleau à fleur de soleil; la figure tient de chaque main deux branches, l'une de roses, l'autre de grenades, portant bobeches en fleurs relatives à leur espece, et est enrichie sur la face de guirlandes de

---

1. Ces deux magnifiques paires de bras, sans doute les plus belles connues, furent transportées en Russie, très-probablement à l'époque de la Révolution. Elles étaient encore il y a peu de temps à Saint-Pétersbourg, où elles ont été achetées pour l'Angleterre.

fleurs et fruits qui naissent des volutes de la con·
sole. G.; hauteur, 20 pouces 6 lignes.

Cette paire de Bras et celle suivante sont
d'un genre supérieur par le noble de leur composé et le fini de leurs ornemens.

Julliot, pour le Roi. . . . . 3.00ı *liv.*

346 Une autre paire de Bras exactement semblable à
la précédente.

Paillet, pour le Roi. . . . . 2,999 *liv.* ı9 *s.*

347 Une paire de moyens Bras, à figure d'enfant-
terme, sur console à volutes, d'où sortent deux branches ornées de guirlandes, se terminant par un pilastre, de fond ouvragé et à moulures à feuilles d'eau.
G.; hauteur, ı3 pouces.

Ces Bras sont d'une parfaite exécution.

Donjeux. . . . . 5oo *liv.*

BRAS ET LUSTRE DE BRONZE DORÉ D'OR MAT.

348 Une paire de Bras à deux branches, le corps en
forme de gaîne, à panneaux ouvragés et à chapiteau
surmonté d'un vase à pans, à bords d'entrelacs, avec
anneaux et culot à feuilles d'ornement. G.

Payant . . . . 3oı *liv.*

349 Deux petits Flambeaux à colonne cannelée à tore

de laurier et socle à feuilles d'eau ; hauteur, 5 pouces 4 lignes. G.

Le duc de Chaulnes[1]. . . . . 124 *liv.*

350 Deux autres Flambeaux comme les précédens.

Le duc de Chaulnes. . . . . 120 *liv.* 2 *s.*

351 Un Lustre à six branches à rinceaux d'arabesques, cul de lampe à fil de perles, cannelures à jour enrichies de fleurons, culot à godron et rosasse, soutenu par quatre doubles chaînons, ornés sur le milieu d'une couronne de rose, passant dans un couronne-

---

1. Marie-Joseph-Louis d'Albert d'Ailly, duc de Chaulnes, né en 1741. Son père avait épousé Anne-Josèphe, fille de Joseph Bonnier, baron de la Mosson, le célèbre amateur. Elle lui avait apporté une fortune considérable, et fit plus tard un peu trop parler d'elle.

Le duc de Chaulnes s'occupait principalement de chimie ; il possédait, dit l'*Almanach des Artistes*, etc. (1776), « un Cabinet d'Antiquités, de Machines, de Minéralogie et d'autres objets curieux ». Ce cabinet, situé rue de Bondi, n° 45, est décrit dans le *Guide des Amateurs*. On y signale des bronzes chinois, de superbes cristaux de toutes espèces, beaucoup de porcelaines, notamment « deux immenses vases du Japon et un charmant vase de porcelaine angloise, orné de bas-reliefs qui se détachent en blanc sur un fond bleu de ciel (sans doute de Wedgwood).

« On voit dans la même pièce un buste antique de Faustine, deux magnifiques vases de porcelaine de Sève..., une colonne de granit, servant de piédestal à un vase de porphyre ; de beaux vases de marbre, différents vases de porcelaine ornés de bronzes dorés d'or moulu..., une collection considérable de vases étrusques, grecs et égyptiens, etc. »

Le duc de Chaulnes mourut en 1793 ; avec lui s'éteignit la branche cadette de la maison de Luynes.

ment de goût Chinois et terminé par un cordon de
même genre figurant guirlande. G. ; hauteur, y compris le cordon d'ornement, 27 pouces 6 lignes ; diamétre, 20 pouces. *Voyez* la planche, n°. 351.

Ce Lustre séduit par le gracieux de sa forme
et le goût exquis de ses ornemens.

Paillet, pour le Roi.. . . . .   2,500 *liv.*

LANTERNES EN BRONZE DORÉ D'OR MAT.

352 Une Lanterne de forme ronde, à bord orné de
perles et moulures à feuilles d'eau, cul de lampe à
rosasse, pomme de pin et branches de myrte, soutenue par quatre chaînons passant dans le chapiteau, qui est entouré d'un fil de perles, de festons
avec chûtes de huit médaillons à rosettes, terminé
par un anneau à gland.

Cette Lanterne et les deux suivantes plaisent infiniment par l'élégante simplicité que
leur donne le bon genre de leurs ornemens [1].

Paillet, pour le duc de Chabot. . . . . . .   1,500 *liv.*

353 Une autre Lanterne, aussi de forme ronde, à quatre panneaux de verre bombé, ornée de moulures

---

[1]. Gabriel de Saint-Aubin a écrit la note suivante sur la
marge de son catalogue : « En sortant de la vente, Gouthière
m'assura qu'il feroit la pareille lanterne pour 500 livres. »

unies à fil de perles, de quatre doubles cordons qui
en figurent les montants et passent dans le chapiteau pour servir de soutien, et en forment le couronnement avec anneau et gland.

Paillet, pour le duc de Chabot. . . . . . .   797 *liv.*

354 Une Lanterne, de forme ronde avec son chapiteau,
ornée de moulures unies et fil de perles, soutenue du
haut par un anneau et par quatre doubles cordons à
gland qui, en se croisant sur le pourtour, forment
ornement à festons et glands.

M. de Caze, pour Mlle de Furcy. . . . . .   783 *liv.*

LUSTRES ET BRAS DE BRONZE DORÉ [1].

355 Un Lustre de *boule*, à huit branches, de bon genre
d'ornement, cul de lampe à boule terminé en spiral,
un fort globe enrichi de tapis à franges et glands,
surmonté d'une renommée formant la tige; hauteur,
30 pouces; diamétre, 28 pouces.

Ce Lustre est d'un composé mâle et peu
commun.

Bertrand, pour le duc de Villequier. . . .   720 *liv.*

356 Un autre Lustre à huit branches, cul de lampe à
cannelures, mascarons, consoles et guirlandes, terminé par un culot à pomme de pin, tige d'ornement

---

1. Nous donnons à la suite des planches une gravure d'après
des bras de Gouthière, que M. L. Double a bien voulu nous
confier.

à têtes de Bélier portant un Vase cannelé, accompagné de quatre consoles à tête de Femme, et autres accessoires qui portent l'anneau; hauteur, 3o pouces; diamétre, 32 pouces.

Le marquis de Colanges[1]. . . . . 960 *liv*

357 Une forte paire de Bras à trois branches, ornée de sept festons de guirlandes à feuilles de laurier; le corps de chaque bras présente un pilastre à espece de cornet d'abondance soutenant le chapiteau, sur lequel est un Vase couleur de bronze avec ornemens dorés; sur le pilastre sont trois plates bandes montantes à entrelacs à oves, se terminant en rouleau à rinceau d'ornement, d'où sort chaque bobeche. Ces plates bandes sont liées par des rubans couleur de bronze, qui, s'élevant par derriere, présentent un nœud qui paroît soutenir le bras.

Cette paire de Bras et celle suivante sont riches et d'un bon genre; ils ont été faits par M. Caffieri[2]; ils viennent de M. de Boisset.

---

1. Thiéry décrit sa jolie maison entre cour et jardin, rue de la Ville-l'Évêque. Nous trouvons aussi ce nom écrit *Coulanges :* peut-être est-il question de Mlle de Coulanges, maîtresse du prince de Bauffremont.

2. Philippe Caffieri, qu'il ne faut pas confondre avec son frère Jean-Jacques, le célèbre sculpteur, naquit à Paris en 1714. M. A. Jal a montré, dans son *Dictionnaire critique*, que les Caffieri appartenaient à une famille d'artistes d'origine napolitaine, dont le plus ancien membre connu, appelé en France par Mazarin, était Filippo Caffieri; il exécuta pour Louis XIV de nombreux travaux de sculpture, tant en bois qu'en bronze. L'abbé

Le marquis de Colanges[1]. . . . . 1,000 *liv.*

358 Une autre paire de Bras à trois branches, semblable à la précédente.

---

de Marolles ne l'a pas oublié dans les vers où il célèbre les artistes travaillant aux Gobelins :

> *Pour la sculpture en bois, là, sont venus de Rome*
> *D'entre les bons sculpteurs, Philippe Caffieri,*
> *Et du mesme pays, Dominique Cussi,*
> *Que partout, en leur art, justement on renomme.*

De deux de ses fils, Charles-Philippe et Jacques, l'un fut sculpteur comme son père, et l'autre maître fondeur et ciseleur.

C'est du fils de ce dernier, Philippe Caffieri, deuxième du nom, qu'il est question ici. Il ne se voua pas à la grande sculpture, et ne fut pas, comme Jean-Jacques, de l'Académie royale. Il borna son ambition à être membre de la modeste Académie de Saint-Luc. Parfois, cependant, il lui arriva de collaborer pour ainsi dire avec son frère, en ajoutant aux ouvrages de celui-ci la partie ornementale. Philippe Caffieri acquit de son vivant une grande réputation pour les bronzes d'ameublement; l'*Almanach Dauphin* de 1771 le cite parmi les artistes les plus connus de l'Académie de Saint-Luc, et comme « renommé pour ciseler et fondre »; il figure aussi dans l'*Almanach des Marchands*, parmi les « fondeurs racheveurs ». Les anciens catalogues nous montrent que ces ouvrages étaient fort recherchés. On décrit dans celui de La Live de Jully (1769), sous la rubrique Philippe Caffiery, un corps d'armoire de 22 pieds de long, une grande table de bureau, une écritoire, un secrétaire et une pendule. « C'est, dit P. Rémy, un tout ensemble de la plus grande conséquence, à l'imitation des ouvrages du fameux Boule. Ce beau meuble est de *Philippe Caffieri*, cet artiste si célèbre. » Mentionnons encore rapidement, parmi les ouvrages de notre artiste, les bronzes qu'il fit pour Notre-Dame, bronzes « d'un travail admirable », suivant un auteur contemporain. N'oublions pas une magnifique

1. Voir la note à la page suivante.

Colin[1]. . . . . 1,000 *liv.*

359 Deux Girandoles à avant corps, à quatre bobeches
et à trois branches, ornées de mascarons de Femme;
la tige est surmontée d'un Vase en balustre qui
porte la quatrieme bobeche et se termine par un
large pied à godron et à trois agraffes servant de supports.

Benoît. . . . . 129 *liv.*

FEUX DE BRONZE DORÉ.

360 Un Feu, modele de boule, à figures assises sur
un tronc d'arbre, dont un côté représente Jupiter
avec un Aigle et trépied; l'autre, Junon, avec un
Paon; placée chacune sur un pied carré long, cintré
sur les bouts, les panneaux travaillés en broderies
d'un genre singulier, dégagé à jour par bas, et sup-

---

commode appartenant à M. le marquis d'Hertford; elle est ornée
de très-beaux bronzes de style rocaille, et porte, sur un des rinceaux de droite : *Fait par Caffieri.*

Philippe Caffieri demeurait rue Princesse; il mourut en 1774,
et fut inhumé, par les soins de son frère, à Saint-Sulpice, sa
paroisse.

1 *de la page précédente.* Le duc d'Aumont avait payé ces
paires de bras 1,300 livres chaque à la vente de Randon de
Boisset.

1. Ce Colin est peut-être le même qu'un certain *Colins*,
peintre et marchand, qui figure déjà parmi les acheteurs de la
vente du duc de Tallard, et qu'on voit ensuite dans d'autres
ventes.

porté par quatre boules, avec recouvrement orné de boule, gaînes et rosettes.

Ce Feu est curieux par sa bonne composition, et le modele n'en est pas commun.

Le duc de Villequier. . . . . 581 *liv.*

361 Un autre Feu à Vase et à guirlande, sur un fût de colonne cannelé, à fleurons, tore de laurier et plinthe, et son recouvrement à frise d'entrelacs, orné sur chaque côté d'un Enfant assis, de pomme de pin, avec grille, pelle, pincettes et tenailles. Les figures sont en couleur antique.

Jubeau [1], *de chez M. le comte d'Artois* [2].   908 *liv* 13 *s.*

362 Un Feu à Vase, orné de têtes de Bélier, guirlandes à feuilles de vigne et raisins, placé sur un fût de colonne relevé d'une écharpe formant guirlandes, et

---

1. Ce personnage, d'après les *Almanachs de Versailles,* faisait partie de la maison de monseigneur le comte d'Artois, d'abord comme *garde-meuble,* et plus tard comme *contrôleur* général du *garde-meuble.*

2. Le comte d'Artois (plus tard Charles X) n'était pas compté parmi les curieux, bien qu'on le vît parfois figurer dans les ventes célèbres, par exemple dans celle de Randon de Boisset, où une commode de Boule lui fut adjugée pour 5,000 liv. On sait combien sa jeunesse fut dissipée; marié à dix-sept ans avec une princesse de Savoie, ses relations avec la Guimard et la Duthé firent grand scandale; on fit même au sujet de celle-ci un jeu de mots qui fit fortune. On disait que quand le prince avait une indigestion de gâteau de *Savoie,* il allait prendre *du thé* au Palais-Royal, où demeurait la célèbre courtisane.

recouvrement enrichi d'une frise à branches de vigne et raisins, et d'une cassolette à pieds de biche aussi sur un fût de colonne, avec grille, pelle, pincettes et tenailles.

Payant. . . . .   3g9 *liv.*

363 Un autre Feu à Vase, orné de mascarons de Faune, de bandeau à entrelacs à jour et de guirlande de roses, posé sur piédestal rond, garni sur la face d'un casque entouré de branches de chêne avec socle à moulures ouvragées, et recouvrement à deux parties cintrées à carré à rosettes et à gaînes, avec grille, pelle, pincettes et tenailles.

Payant.. . . . .   3g9 *liv.* 13 *s.*

364 Une petite Grille de fer poli, découpée à jour, servant de garde-feu, ornée de moulure sur le dessus, de frise à différens panneaux d'ornements aussi découpés à jour avec mascaron et gaîne sur les deux extrémités de la face, en bronze doré.

M. Joanne. . . . .   126 *liv.* 5 *s.*

365 Deux Armoires de forme carrée en bois satiné, ouvrant chacune à un battant encadré de moulures à feuilles d'ornement, à entablement à carrés en ressaut, garni d'une frise à bâtons rompus et ouvrant à un tiroir, à pilastres à cannelures de cuivre lisse, relevées de tuyaux de roseau, et de socle à pieds ornés aussi de bâtons rompus de bronze doré avec leurs marbres de griotte d'Italie; hauteur, 38 pou-

ces; largeur, 19 pouces; profondeur, 13 pouces 6 lignes.

Paillet. . . . . 380 *liv.* 19 *s.*

366 Un Secrétaire de bois satiné à tablette à charniere sur le dessus pour servir de pupître, s'ouvrant à deux petits battans garnis de cadre uni, le corps à frise et à pilastre ornés de moulures, placé sur pied à entablement à deux tiroirs entourés de moulures unies, et à tablette à coulisse, le tout supporté par quatre gaînes cannelées à carrés à rosasses et à pieds unis de bronze doré; hauteur, 42 pouces; largeur, 26 pouces 6 lignes; profondeur, 15 pouces.

M. Nouel [1]. . . . . 441 *liv.*

367 Un Pupître à cremaillere, servant de table, entouré de quart de rond de bronze doré, à panneau travaillé en plusieurs bois de rapport, représentant une vue de Rome en architecture. Ce Pupître est supporté par un guéridon à deux tablettes de bois violet, dont la tige de bois d'amaranthe, garnie de filets de bronze aussi dorés, et découpée à jour, et se termine par trois pieds chantournés.

La maréchale de Noailles [2]. . . . . 240 *liv.*

---

1. Nous ne sommes pas sûr de l'orthographe de ce nom; peut-être faut-il lire *Houel.*

2. Rue Saint-Honoré. L'hôtel de Noailles, un des plus beaux de Paris, renfermait une précieuse collection de tableaux, et ses appartements, décrits dans le *Guide des Amateurs,* étaient meublés avec une grande richesse; on y remarquait de superbes

368 Un Pupître d'un autre goût, en bois satiné, son guéridon de même forme et garniture que le précédent.

M. Potier, procureur [1]. . . . . 18o *liv.*

369 Une petite Table dont le dessus, le pourtour et les pieds en gaîne sont à panneaux travaillés à mosaïque en bois de rapport, et les champs plaqués de bois de rose ; elle ouvre sur le devant à un tiroir renfermant une tablette avec encrier de cuivre.

Paillet. . . . . 85 *liv.*

370 Une Table de bois satiné, de forme carré long, ouvrant à un tiroir sur la face, supportée par de petites colonnes avec doubles tablettes et pieds en gaîne.

Paillet. . . . . 1o8 *liv.* 10 *s.*

371 Deux Cabinets de bois d'acajou, travaillés dans le goût chinois, à gradins et à trois galeries à balustrades, soutenues par de petites colonnes, avec panneaux ouvragés découpés à jour, dont la première est supportée par des piliers en balustre, portant sur

---

meubles de Boule, de belles tables de vert de mer et de porphyre rouge, une magnifique pendule de Ferdinand Berthoud, un très-beau lustre de cristal de roche, des porcelaines d'ancien Japon et Chine, des vases de serpentin et autres matières, décorés d'ornements de bronze doré d'or moulu.

1. C'était peut-être le parent de M. Potier, avocat au parlement, dont le cabinet, contenant des tableaux, estampes et dessins, fut vendu en 1757, par J.-B. Glomy et Helle.

un socle aussi à balustrade et à panneaux découpés à jour; hauteur, 5 pieds 5 pouces 6 lignes; largeur, 2 pieds 2 pouces; profondeur, 13 pouces 6 lignes.

Le duc de Chaulnes. . . . . 1,051 *liv.*

372 Une Table de bois d'acajou à un tiroir, garnie d'encrier de cuivre argenté, le dessous ouvrant en deux parties et à pieds délicatement travaillés, dont deux se brisent à charnieres et reçoivent les deux abattants.

Le duc de Villequier. . . . . 77 *liv.*

373 Une Table de bois d'acajou, à un tiroir de chaque côté, à dessus formant un caisson à quatre compartiments, et à pieds en gaîne avec tablette à balustrade découpée à jour.

La duchesse de Villeroi . . . . 90 *liv.*

374 Une Table de nuit de bois d'acajou, de forme carrée, à deux marbres bleu turquin et à pied en gaîne, garnie de quart de rond de bronze doré. Cette Table se surmonte d'un léger entablement de même bois, fait à coulisse pour se procurer la facilité d'approcher un flambeau à 9 pouces du lit, et à l'éloigner à volonté de 30 pouces.

Payant. . . . . 118 *liv.* 1 *s.*

375 Deux Tables rondes de bois d'acajou, à doubles tablettes à balustrade découpée à jour, à pied sculpté et fait en guéridon.

M. Bérindes. . . . . 309 *liv.* 10 *s.*

376 Plusieurs autres Tables, guéridons de bois des Indes et Paravents.

Payant. . . . . 665 *liv*.

377 Un Thermométre pour les observations générales, soutenu par deux culots à feuilles d'ornements, tenant un pilastre uni de bronze doré; hauteur, 31 pouces.

Payant. . . . . 192 *liv*.

378 Un dit pareil.

Guillaume, huissier priseur. . . . . 240 *liv*.

379 Un Barométre, par le sieur *Torré*, sur un fond de bois de rose, orné de Vase, coquilles, guirlandes et baguettes de bois sculpté doré; hauteur, 38 pouces.

Le Brun. . . . . 150 *liv*. 1 *s*.

380 Un pareil Barométre, par le même auteur.

Le Brun. . . . . 156 *liv*. 2 *s*.

381 Un Barométre double et un Thermométre par le sieur *Torré*, tous deux dans leurs cadres de bois sculpté et doré; hauteur, 7 pieds.

Payant. . . . . 300 *liv*. 2 *s*.

382 Un Thermométre pour les observations générales,

du même auteur que le précédent, d'après l'échelle de *Réaumur*, sur un fond noir encadré de moulures et autres ornements de bois de couleur délicatement sculpté.

Payant. . . . . 60 *liv.* 19 *s.*

383 Un pareil, par le même auteur.

Julliot. . . . . 72 *liv.*

384 Un Barométre trempé, par *Rolandy*, dans sa bordure de bois sculpté et doré; hauteur, 40 pouces.

M. de Courmont [1]. . . . . 180 *liv.* 10 *s.*

---

1. Régisseur général. Il demeurait dans la rue d'Artois, « dont toutes les maisons, dit Thiéry, sont autant d'hôtels magnifiques .. L'on trouvera chez cet amateur une très-jolie collection de tableaux des trois écoles. » M. de Courmont figure souvent comme acheteur dans les grandes ventes du temps de Louis XVI. Outre les tableaux, on remarquait dans son cabinet des sculptures, parmi lesquelles le buste en bronze de Voltaire, par Houdon, celui du maréchal de Saxe, terre cuite de Le Moine, deux jolis vases de terre cuite, par Boichot, etc. Cet amateur possédait encore de très-riches objets d'ameublement, tels que « deux vases de porphyre, forme de Médicis, de la plus belle qualité et parfaitement évuidés; un autre vase de marbre vert africain antique, de deux pieds et demi de haut ; une belle coupe d'agathe sidoine, sur un pied de jaspe de la plus belle qualité; une autre coupe d'agathe, montée fort élégamment et sur un pied de serpentin antique; deux petits fûts de colonne de porphyre; deux autres de vert d'Égypte.

« Une belle table de vert antique; une autre d'albâtre oriental de la première qualité, soutenue par un pied de marqueterie de Boule; deux superbes tables de serpentin antique et plusieurs beaux meubles de Boule. »

385 Quatre Barométres et Thermométres de différentes grandeurs qui seront détaillés.
Payant. . . . . 53 *liv.*

386 Un Thermométre par le sieur *Torré*, garni d'anneau, de calotte à godron et oves, de culot à feuilles
et pomme de pin dans son étui de roussette.
Aimée. . . . . 72 *liv.* 12 *s.*

387 Un autre Thermométre plus petit, du même auteur, avec garniture et étui pareils au précédent.
Payant. . . . . 74 *liv.* 19 *s.*

TABLES ET SOCLE DE MARBRE.

388 Deux Tables de marbre antique, prêtes à polir, de
forme ronde; diamétre, 20 pouces 6 lignes; épaisseur, 15 lignes.
Paillet.. . . . . 134 *liv.*

389 Deux Tables de marbre africain, de 3 pieds de
long sur 16 pouces 6 lignes de profondeur; épaisseur, 13 lignes.
Châtelet, peintre.. . . . . 61 *liv.*

390 Deux Tables de marbre vert antique, prêtes à polir, de forme ronde; diamétre, 19 pouces 6 lignes;
épaisseur, 10 lignes.
Paillet, pour M. de Chalandray [1]. . . . . 240 *liv.*

---

1. Cet amateur suivait les ventes avec beaucoup d'assiduité,
comme le montre une suite de catalogues reliés à son chiffre et

3g1 Deux Tables de lumakelle, de 3o pouces de long;
profondeur, 20 pouces; épaisseur, 20 lignes.

Châtelet, peintre. . . . . 179 *liv.* 19 *s.*

3g2 Deux Socles d'albâtre orientale, de 7 pouces 6 lignes en carré; épaisseur, 26 lignes.

Paillet. . . . . 3o *liv.* 3 *s.*

---

annotés de sa main, que nous avons sous les yeux. C'est en
1767 qu'il débuta comme amateur. Il nous l'apprend lui-même
par cette curieuse note écrite en marge de son catalogue, à la
vente de M. de Jullienne :

« La vente de cette superbe collection a été faite au Louvre,
dans le salon où s'exposent, à la Saint-Louis, les ouvrages produits successivement par l'Académie, tous les deux ans.

« Voulant acquérir des connoissances et former mon jugement, je suivis exactement cette vente. Emploiant chaque ma-
tinée à l'exposition journalière, j'assistois le soir à la vacation.
Si j'étois dans l'âge où l'on cède à l'impulsion de son goût, j'étois
trop jeune pour ne pas chercher à l'éclairer, pour m'y fier et me
livrer à ses objets.

« Je n'achetai que deux dessins de Chaufourier (n° 971).

« Mais je me gravai tous les autres dans la mémoire, de manière à les reconnoître toute ma vie. L'inexpérience m'empêcha
d'en noter les prix et de me représenter avec exactitude la valeur
rapide et progressive que les tableaux ont acquise, et qui a fait
gagner, au bout de cinq ans, à M. le duc de Choiseul, plus du
tiers sur sa collection, faite à grands frais. »

On peut supposer que l'expérience rendit M. de Chalandray
bon connaisseur; du moins nous le voyons plus tard exprimer
nettement son opinion par de courtes notes jetées sur les marges
de ses catalogues; tantôt, c'est : *joli, charmant tableau;* ou
bien : *détestable tableau, — bon pour enseigne! dessus de cheminée d'auberge,* etc.

393 Deux Socles plaqués de prime verte, de 6 pouces en carré sur 2 pouces 3 lignes d'épaisseur.

M. Aubert, peintre[1]. . . . . 20 *liv.*

394 Deux pareils de même grandeur.

Payant . . . . 13 *liv.* 1 *s.*

395 Deux Socles de forme triangulaire, à pans de marbre vert de mer; diamétre, 6 pouces 6 lignes; épaisseur, 14 lignes.

Payant . . . . 10 *liv.* 1 *s.*

396 Un Socle carré long, de vert antique, de 8 pouces de longueur; largeur, 6 pouces; épaisseur, 9 lignes. Un Socle de granit rose, de même forme; longueur, 10 pouces; largeur, 6 pouces; épaisseur, 4 lignes.

Le duc de Villeroi. . . . . 12 *liv.*

397 Deux Socles de vert de mer, de 9 pouces de diamétre; épaisseur, 1 pouce.

Paillet. . . . . 30 *liv.* 19 *s.*

---

1. M. Aubert, *sculpteur, peintre, doreur et vernisseur du roi,* aux petites écuries du roi, avait, dit Thiéry, un magnifique cabinet d'histoire naturelle. Il possédait aussi des bronzes antiques et modernes, des camées, des médailles et quelques tableaux de bons maîtres.

Il y avait dans la *curiosité* un autre personnage du même nom, maître et marchand orfévre-joaillier et bijoutier, quai des Or-févres, *à la Balance.* Il achetait assez souvent des curiosités dans les ventes et brocantait des tableaux, notamment avec le prince de Conti. Pour le distinguer de son homonyme, on l'appelait ordinairement *M. Aubert, joaillier.*

398 Deux Socles de jaspe vert, de 3 pouces en carré;
épaisseur, 7 lignes; et deux Socles carré long, de
vert antique.

Payant. . . . . 20 *liv.* 1 *s.*

399 Un Socle de jaspe fleuri, de forme ronde; diamétre, 7 pouces 6 lignes; épaisseur, 9 lignes.

Payant. . . . . 49 *liv.* 19 *s.*

400 Quatre petits Dés, deux de marbre serpentin et
deux de jaspe vert.

M. Aubert, peintre. . . . . 18 *liv.*

401 Six autres Dés, deux de serpentin, deux de vert
antique et deux de granit rose.

M. Aubert, peintre. . . . . 37 *liv.*

402 Deux Socles de vert de mer, de 11 pouces 6 lignes
de long sur 9 pouces 6 lignes de large; épaisseur,
2 pouces.

Julliot. . . . . 20 *liv.*

403 Un Socle de marbre d'Ecosse, de 13 pouces de
long sur 9 pouces 6 lignes de large; épaisseur,
2 pouces.

Julliot. . . . . 11 *liv.*

404 Un Socle quarré de lumakelle, d'un pied de long
sur 11 pouces de large; épaisseur, 7 pouces. Un Socle
de vert de mer, de 11 pouces 6 lignes de long; largeur, 9 pouces 6 lignes; épaisseur, 22 lignes.

Châtelet, peintre. . . . . 73 *liv* 1 *s.*

405 Quinze Socles de différentes qualités, grandeurs et formes, qui seront détaillés.
Payant. . . . . 78 *liv.* 18 *s.*

406 Deux Socles de brocatelle, de 5 pouces en carré, 1 pouce d'épaisseur.
Payant. . . . . 19 *liv.* 1 *s.*

407 Deux autres de lumakelle, de 5 pouces en carré; épaisseur, 8 lignes.
Payant. . . . . 14 *liv.* 1 *s.*

408 Plusieurs Tranches et Tronçons de différents marbres, tant en porphyre, granit rose, serpentin, jaune antique, vert antique et autres; et un morceau propre à faire deux tables de granit rose.
Payant. . . . . 24 *liv* 1 *s.*

ORNEMENS DE BRONZE DORÉ.

409 Plusieurs pieds de marqueterie et garnitures de vase en bronze doré, qui seront détaillés.
Payant. . . . . 72 *liv.* 18 *s.*

BIJOUX.

410 Une très-belle Boîte d'or à huit pans, montée en cage, fond osier, d'émail bleu transparent, bordure à feuilles de persil, avec médaillon de Louis XV sur le dessus, entouré de quarante-cinq brillants.
Joanne. . . . . 1,960 *liv.*

411 Une riche Boîte d'or fond bleu, à huit pans, ornée
de six médaillons à sujets d'enfants émaillés en gri-
saille, entourés de guirlandes de fleurs, rosettes et
fleurons comme les pilastres.

Julliot. . . . . 800 *liv.*

412 Une Boîte de chasse à huit pans, fond de ma-
gellan[1], ornée de quatre grands médaillons et six petits dans le genre des camées à sujets de bacchantes
et jeux d'enfants ; les pilastres à figures dans le genre
antique, avec moulures à osier, feuilles de persil et
guirlandes de laurier en or de couleur.

Bosse[2]. . . . . 821 *liv.*

413 Une Boîte d'or, à huit pans, montée en cage,
émaillée fond rouge satiné, ornée dessous et dessus
d'un grand médaillon d'agate arborisée et quatre
autres plus petits sur les côtés, aussi d'agate, avec
bordures à oves à feuilles de persil.

M. de Caze. . . . . 600 *liv.* 3 *s.*

414 Une Boîte à huit pans, de très-beau laque du Japon à mosaïque en or, montée en cage, bordure à fil
de perles en or de couleur.

Bosse. . . . . 745 *liv.*

---

1. Espèce de coquille, plus foncée que le burgau.

2. C'était peut-être « Bosse de Lille, peintre d'histoire, rue et
isle Saint-Louis, » ainsi mentionné dans l'*Almanach historique.*
Il y avait aussi un graveur du nom de L. Bosse.

415 Une Boîte d'or, forme de coquille, émaillée à
plumes de paon.

Bosse. . . . . 856 *liv.*

416 Une Boîte d'or de chasse guillochée, à filets et rosette, ornée de pilastres, bordures émaillées à feuillages verts et perles opâles.

M. Daullier du Hazard. . . . . 606 *liv.*

417 Une Boîte d'or de chasse, fond guilloché, en osier
sur un fond mat, bordure gravée en creux poli, à pilastres et feuilles d'ornement.

Chevalier. . . . . 410 *liv.*

418 Une Boîte carrée d'écaille blonde, montée en cage
en or, avec bec de brillants et rubis.

Aimée. . . . . 200 *liv.*

419 Une Boîte ronde d'yvoire, doublée et galonnée
d'or, cercles à jour, ornée sur le dessus d'une miniature peinte par M. *Charlier* [1].

---

1. L'*Almanach historique*, etc. (1776), mentionne parmi les
« peintres à talent, quoiqu'ils ne soient pas membres des Aca-
démies de Paris, M. Charlier, peintre en miniature, breveté du
roi, non moins recommandable par un talent distingué que par
son zèle ardent à former de bons élèves. » La note suivante,
que Charlier fit insérer dans le volume de l'année 1777, montre qu'il avait un cabinet de curiosités, et pourrait même faire
supposer qu'à l'exemple de certains peintres il en faisait commerce.

« M. Charlier, artiste, rue Richelieu, hôtel de Vauban, près le

Benoît. . . . . 240 *liv.*

420 Une Boîte d'écaille noire, ornée sur le dessus
d'une belle miniature peinte par M. *Halle*[1], repré-

Palais-Royal, possède un cabinet très-bien composé. On y trouve
de très-beaux tableaux de toutes les écoles et d'autres objets
curieux. Il invite les Amateurs et les Artistes à l'honorer de ses
visites. Une pareille invitation mérite des éloges et de la recon-
noissance de la part de ceux qui s'intéressent aux Arts. »

On sait que Charlier travailla principalement d'après Boucher.
Il faisait payer ses ouvrages assez cher, comme le montre une
pièce de sa main qui fait partie de notre collection. C'est le
« *Memoire des ouvrages en mignature faits par les ordres de
Son Altesse Sérénissime Monseigneur le Prince de Conty, depuis le mois de may* 1772, *par le sieur Charlier, peintre en mignature du Roy.* » Le total de ce mémoire est de 14,400 livres
pour douze grandes miniatures, soit 1,200 livres chaque. A la
vente du prince de Conti, en 1777, elles n'atteignirent pas la
moitié de ce prix. L'année suivante, Charlier fit vendre par
Joullain « quatre-vingt-dix tableaux en mignatures de différentes
formes »; mais les prix furent encore plus bas qu'à la vente du
prince, et l'artiste ne laissa vendre que quelques morceaux de
peu d'importance.

1. Il n'est pas question ici de *Hallé*, « surinspecteur de la
Manufacture des Tapisseries de la Couronne et adjoint à profes-
seur à l'Académie Royale de Peinture », mais de *Hall*, mentionné dans l'*Almanach historique*, etc., comme « peintre de
portraits en pastel, émail et miniature ». Il était, du reste, agréé
de l'Académie Royale, et possédait, rue des Bons-Enfants, une
belle collection de dessins des trois écoles.

Hall, on le sait, traitait de préférence les sujets gracieux et
galants; aussi le met-on dans les *Mémoires secrets*, avec Pas-
quier, Courtois et Weiler, au nombre des peintres « destinés
spécialement au service de l'amour, à peindre ces beautés dont
l'existence furtive ne doit durer qu'aussi longtemps que la passion de celui qui les commande. »

sentant le buste d'une jeune femme, coëffée en che-
veux et fleurs, avec cercles d'or à filets.

Payant. . . . . 281 *liv.* 1 *s.*

421 Une Boîte d'écaille noire ovale, à gorge et cercles
unis en or, avec dessus en miniature, représentant
Jupiter et Léda, peint par M. *Charlier.*

Paillet. . . . . 174 *liv.*

422 Une Boîte ronde d'écaille noire, à gorge et cercles
d'or, avec dessus en miniature, représentant le buste
d'une jeune Grecque.

Benoît. . . . . 175 *liv.*

423 Une Boîte d'écaille noire unie, ornée d'un médaillon, portrait d'une jeune femme, entouré d'un cercle
et bordures à chaînettes d'or de couleur.

Julliot. . . . . 599 *liv* 19 *s.*

424 Une Boîte ronde en écaille, ornée d'un médaillon
peint en émail, avec cercle d'or gravé.

Le chevalier de Lagrange. . . . . 117 *liv.*

425 Une Boîte de bois pétrifié, de forme ovale, garnie
de gorge et charniere en or d'Allemagne.

Payant. . . . . 130 *liv.*

426 Deux Bonbonnieres rondes, guillochées de crystal
de roche, garnies de gorge, bec et charniere d'or.

Payant. . . . . 165 *liv.*

427 Une Montre d'or à répétition faite par M. *Ro-*

milly[1], enrichie de bélieres, cercles, médaillons à nœuds, chiffre et branches de laurier en diamants roses, aiguilles, repoussoir en brillant, avec sa chaîne en or montée à jour, aussi garnie de roses sur les deux faces, et un cachet, clef, crochet en or montés en roses.

Delorme. . . . . 2,381 *liv.*

428 Une Montre d'or à répétition, faite par M. *Robin*, horloger du Roi; le mérite particulier de cette Montre est la régularité.

Dumachaut[2]. . . . . 813 *liv.*

429 Une Montre d'or à répétition, faite par M *Hilgers*, ornée d'un médaillon peint en émail, représentant un buste de femme, avec un cordon en soie garni de béliere, porte-mousquetons, clef et cachet en or et à jour, avec barette d'un saphir entouré de brillants montés à jour.

Julliot. . . . . 725 *liv.*

430 Cinq Cachets montés en or, dont deux à arbustes et tête de negre avec collier, aigrettes et cercles en roses, et une clef d'or.

M. de Tolozan. . . . . 259 *liv.* 5 *s.*

---

1. Cet horloger demeurait place Dauphine; il était, suivant l'*Almanach Dauphin* de 1777, « un des plus habiles et plus célèbres Artistes de cette capitale. »

2. C'est peut-être Mme *de Machault*, dont nous trouvons l'adresse : place Royale, 3.

431 Une Bourse garnie de deux coulants d'or, ornés
chacun de deux cercles en roses.

Payant . . . . 136 *liv.*

432 Une Lunette de spectacle, faite par *Gonichon,* le
corps en écaille, garnie de trois cercles en or, dans
son étui.

La duchesse de Villeroi. . . . . 180 *liv.*

433 Deux plaques, forme ovale, en jaspe et sanguin.

Paillet. . . . . 16 *liv.*

434 Un Réchaud à esprit de vin en argent.

M. Le Noir du Breuil. . . . . 330 *liv.* 1 *s.*

435 Un Flambeau émaillé, garni de cercles d'or et bo-
bêche en vermeil.

Le baron de Besenval [1]. . . . . 169 *liv.* 1 *s.*

---

1. Pierre Victor, baron de Besenval, lieutenant général des
Armées du Roi, Inspecteur Général des Gardes-Suisses, etc.,
était aussi Honoraire Amateur de l'Académie Royale. Possesseur
d'une grande fortune, délicat dans ses goûts, ce Suisse devenu
Français « avoit, dit Mme de Genlis, une charmante figure et de
grands succès auprès des femmes », et faisait partie de la société
intime du petit Trianon. Son hôtel, rue de Grenelle, 120, était
un des plus riches du faubourg Saint-Germain. Thiéry consacre
plusieurs pages à la description de son cabinet, qui contenait,
outre des tableaux de maîtres, de nombreux objets du plus grand
prix :

« Dans l'antichambre est un beau meuble de *Boule,* surmonté
d'une pendule. L'un et l'autre sont ornés de bronze doré d'or
moulu. D'autres meubles, du même Artiste, enrichis aussi de

436 Une Lampe de nuit à panneaux de verre peints,
représentant divers sujets de fable, tant en dehors
qu'en dedans, garnie de collet, de trois montants et
de léger pied à fil de perles, et de trois boules surmontées d'une cassolette à couvercle découpé à jour,
avec pieds à griffes.

M. Joanne. . . . . 200 *liv.*

---

bronze doré, supportent des vases de marbre et des porcelaines.
On y voit un buste de bronze sur une gaîne d'ébénisterie, de
Boule. Le buste, en terre cuite, de M. le Baron de Besenval.......
Un fût de colonne de marbre noir et blanc antique et orné de
bronze doré sert de piédestal à un vase de bronze enrichi de
bas-reliefs; ce vase forme pendule, dont le cadran horizontal est
cerclé d'émail.

« Dans le salon est un magnifique lustre de cristal de roche.
Entre les croisées est une statue en marbre de quatre pieds et
demi de proportion, représentant l'Amour lançant des flèches;
cette statue est placée sur un piédestal de marbre noir et blanc
antique, orné de guirlandes de bronze doré.

« Près des portes sont des vases de granit gris, enrichis de
bronze doré, portés sur des fûts de colonne de granit rouge.

« A droite est une charmante table de porphyre sur un superbe pied doré; dessus sont des porcelaines et un petit bronze
antique représentant Hercule déchirant le lion. Sur une autre
grande table de marbre d'Égypte, posée sur un pied de marqueterie de *Boule,* sont deux jolis vases de brocatelle d'Espagne,
avec ornements de bronze doré, des porcelaines et une petite
figure de marbre blanc, représentant une femme accroupie.
Deux belles gaînes en marqueterie de *Boule,* sur lesquelles sont
des vases de brèche verte antique, ornés de bronze doré. Sur
deux autres meubles de *Boule* enrichis de bronze doré, sont un
bronze de Cléopatre, de *M. Clodion,* et de belles porcelaines.

« Deux belles encoignures de laque, richement ornées de
bronze doré, recouvertes de tables d'albâtre oriental, servant de

437 Un Microscope anglois, du nom de *Dolon*[1] , renfermé dans sa boîte de chagrin noir.

Le vicomte de Choiseul. . . . . 150 *liv.* 2 *s.*

---

supports à de magnifiques vases de porcelaine et à des grotesques. Sur une belle commode de laque avec table de marbre
bleu turquin, est un très-beau vase de porcelaine de Sève.....

« Le cabinet, qui est ensuite, est échauffé par un superbe
poële de marbre et orné de bronze..... L'on voit, entre les
croisées, une jolie statue de marbre, de deux pieds de proportion, représentant une Nymphe; elle est posée sur un fût de
colonne de granit gris. Une *bibliothèque* bien composée meuble
richement ce cabinet. Elle est ornée de vases de marbre, de
bronze, de porcelaine, et d'autres de porphyre verd....

« Vient ensuite la chambre à coucher, meublée en damas
bleu, avec boiserie peinte en blanc et or; sur une cheminée de
marbre blanc, supportée par deux enfants terminés en gaînes,
est un magnifique vase de serpentin orné de bronze; deux satyres de bronze, tenant des brandons, y servent de bras. Non
loin d'une jolie table de brêche jaune et violette, est une magnifique commode ornée de fleurs et de fruits en relief, en marbres
de rapport. N'oublions pas la pendule de bronze, représentant
le globe terrestre, deux vases de granit gris et deux superbes
meubles de Boule, sur lesquels sont des grotesques en porcelaine, et deux beaux vases de marbre vert de mer, avec guirlandes et satyres en bronze doré.

« Après avoir traversé la galerie et un vestibule orné d'une
table de marbres de rapport et d'un vase de porphyre, on pénètre
dans une délicieuse salle de bain, supportée par douze colonnes
d'ordre toscan et ornée de vases de porphyre.

« Les niches placées dans les entre-colonnements des côtés
sont occupées par des vases chargés de bas-reliefs, exécutés par
M. Clodion, sculpteur du Roi. C'est aussi cet Artiste qui a fait
les deux grands bas-reliefs de dix pieds de long sur trois pieds et
demi de haut qui décorent les deux milieux de cette superbe

1. Voir la note à la page suivante.

438 Un Équatorial, construit à Londres. Cet instrument est petit, mais fort bon. Son usage sert à
prendre les hauteurs précises des astres. Il est renfermé dans un étui de chagrin noir.

Payant. . . . . 120 *liv.*

TABLEAUX ET ESTAMPES.

439 Deux Tableaux, dans leurs cadres de bois sculpté
et doré, l'un de forme ronde, représentant la Peinture et l'Histoire, et l'autre, de forme carrée en hauteur, représentant Lucrèce.

Payant. . . . . 97 *liv.*

440 Vingt Estampes sous verre et dans leurs cadres

---

salle. Un bassin, de forme elliptique et d'environ dix à onze
pieds de diamètre, y sert de baignoire.

« Une nayade, plus grande que nature, couchée et appuyée
sur son urne, est placée entre les deux colonnes isolées du fond
sur un piédestal de forme ovale ; un gros mascaron de bronze,
qui y est adapté, fournit ce bassin d'eau chaude et d'eau froide.
Deux autres vases, posés sur des cippes, forment jets d'eau sur
les deux côtés. Cette statue et les vases sont aussi de *M. Clodion*..... Les statues, bas-reliefs, vases, colonnes, tables, bancs,
murs et voûte, tout est en pierre de Tonnerre. »

En 1789, lors des premiers désordres, le baron de Besenval
transigea, pour ainsi dire, avec l'émeute, et se hâta de quitter la
capitale avec un passeport qu'il s'était procuré. Traduit devant
le tribunal du Châtelet, il fut acquitté, et vécut tranquillement à
Paris pendant la Terreur. Oublié, fort heureusement pour lui,
il mourut en 1794, âgé de soixante-douze ans.

1 (*de la page précédente*). Le vrai nom est *Dollond.*

dorés, dont la Lecture et la Conversation espagnoles, par *Beauvarlet*, la Tempête et le Calme, par *Baléchou* et autres.

441 Un Portefeuille, contenant cent soixante estampes, dont les loges du Vatican, d'après *Raphaël*, suite d'animaux, de *Rindinger*, les aventures de Don Quichotte, etc.

Adjugé avec le lot précédent. . . . . . . 2,799 *liv*.

442 Cinq Tableaux, sujets chinois, peints sur verre et sur glace, dans leurs cadres de bois à filets dorés ; deux dessins faits à la plume, par *Barbier*, et deux gouaches ; paysages, par *Patel* fils, aussi sous verre et bordure dorée.

PEINTURES ET ÉMAIL PAR MADAME CADET [1].

443 Trois Tableaux de forme ovale, représentant des têtes d'hommes faites d'après nature ; et le Petit Physicien, d'après *Carle Vanloo*, chacun dans leur cadre de bois sculpté et doré.
Retiré.

444 Deux Boîtes d'écaille noire, ornées sur le dessus

---

1. Mme Cadet, peintre en émail, était femme de Cadet-Gassicourt, chirurgien, qu'on avait surnommé le *saigneur* Cadet. Elle reçut, en 1767, le brevet de peintre de la Reine et mourut en 1801. — Une personne de la même famille, Aglaé Cadet, également peintre en miniature, avait épousé un marchand d'estampes nommé Fatout.

du portrait de *Racine*, et celui de *le Kain*, avec cercles d'or.

Retiré.

GUIDO RENI.

445 La Mort d'Abel, peinte par *le Guide :* Caïn debout vient de frapper Abel qui est étendu par terre. Ces deux figures, de grandeur naturelle, se détachent sur un fond de paysage dans lequel on voit d'un côté l'autel d'Abel, dont la fumée monte aux cieux, et de l'autre, sur un plan plus éloigné, l'autel de Caïn, dont la fumée rampe à terre.

On ne peut trop admirer la fierté de l'expression et la pureté du dessin de ce Tableau, qui a 6 pieds 3 pouces de hauteur sur 4 pieds 10 pouces de large.

Retiré.

446 Une Boîte montée en or avec dessus et dessous, formée d'une coquille appelée le Manteau Ducal.

Payant. . . . . 180 *liv.* 2 *s.*

447 Quelques Tableaux, Dessins, Estampes, Bronzes, Bijoux et objets curieux, qui seront détaillés sous ce n°.

Adjugé à divers. . . . . 5,769 *liv.* 5 *s.*

TABLE DES MATIÈRES

FIN DE LA TABLE DES MATIÈRES.

TABLE

DES NOMS PROPRES

A

B

D

E

F

M

Maillard. 148.

Mansart, architecte. 136

Mantz (M. Paul). xiv.

Marbeuf (Mme de). x.

Marie-Antoinette (La Reine). v, viii, xxii, xxv, 14, 27, 44, 79, 95, 157.

Marin (M.), curieux. 124.

Marin, censeur royal. 124.

Marin, sculpteur. 124.

Marmontel. iii, iv.

Marolles (L'abbé de). 163.

Martin, vernisseur. ii, 117.

Martincourt, ciseleur. xxv.

Massé, peintre en miniature. 63.

Mazarin (Le cardinal). 12, 162.

Mazarin (La duchesse de), curieuse. ii, vii, xx, xxi, 12, 19, 80, 91, 93, 146.

Mercier, marchand, associé de Paillet. 9.

Merle (Le comte de), curieux. 12, 38, 54, 56, 57, 64, 73, 75, 78, 121.

Metzu. 89.

Miallet (M.), marchand. xviii.

Michel-Ange Buonarotti. 55.

Mignon, fabricant de faïence. 128.

Mignot, sculpteur. 61.

Millot, horloger. 155.

Monsieur, frère de Louis XVI. xx.

Montmorency (Le connétable Anne de). 55.

Montmorency (Le comte de). 85.

Montribloud (M. de), curieux. 11.

Montvallier (M. de), intendant de Mme Du Barry. xvi.

Mortimer-Ternaux (M.). viii.

Mure (Le marquis de la), curieux. v, 16, 24, 30, 44, 91.

N

Naigeon (J. A.). 54, 71.

Nicolaï (Le président de), curieux. 32.

R

S

W

FIN DE LA TABLE DES NOMS PROPRES.

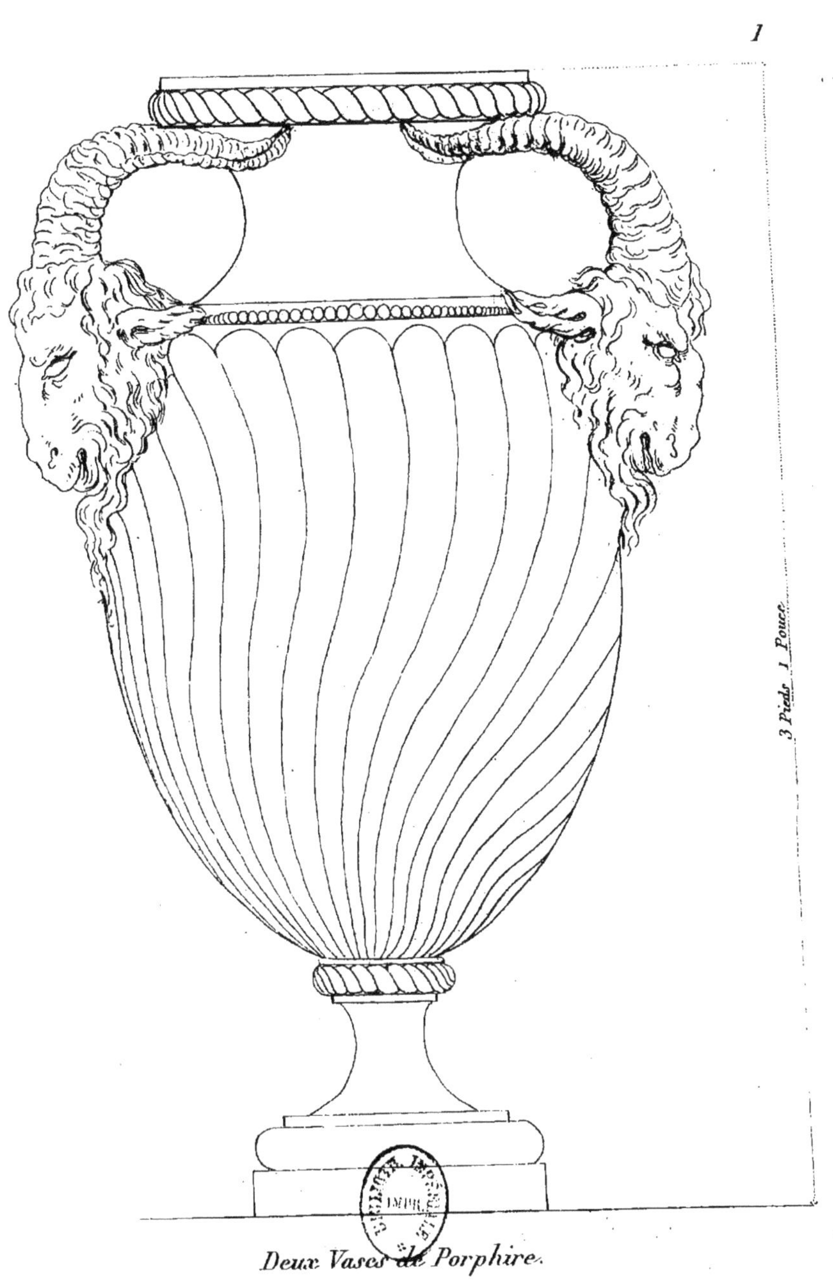

Deux Vases de Porphire.

Imp. Houiste, rue Mignon, 5, Paris.

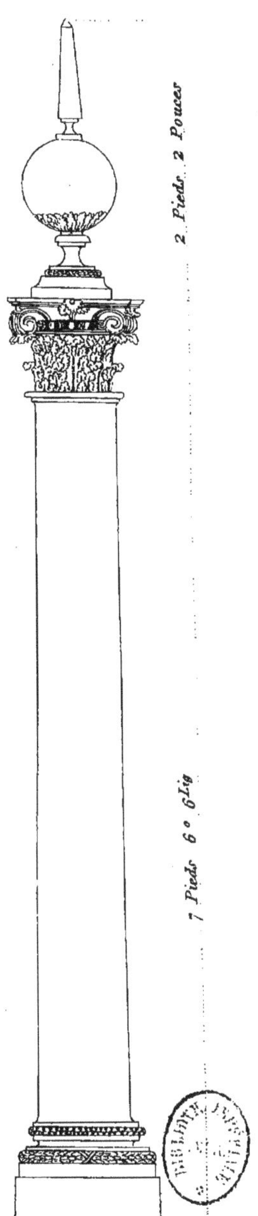

Colonne de Porphire avec sa Base et son Chapiteau de Bronze doré d'or
mat: la Boule et l'Aiguille sont en serpentin avec les ornemens de Bronze.

Imp. Houiste, rue Mignon, 5. Paris.

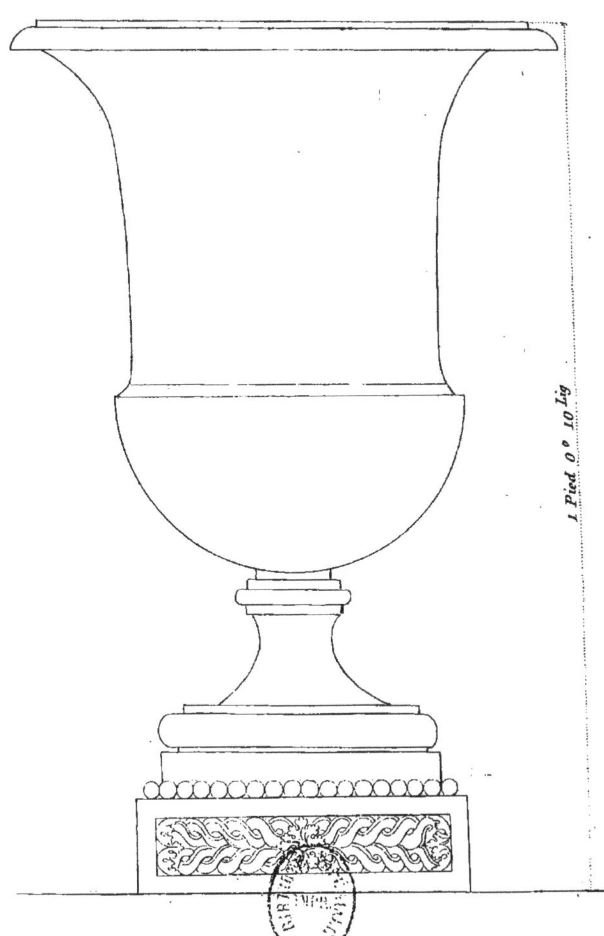

Deux Vases de Porphire évidés suivant leur forme extérieure;

le Socle est de Bronze doré d'or mat.

Imp. Houiste, rue Mignon, 5. Paris.

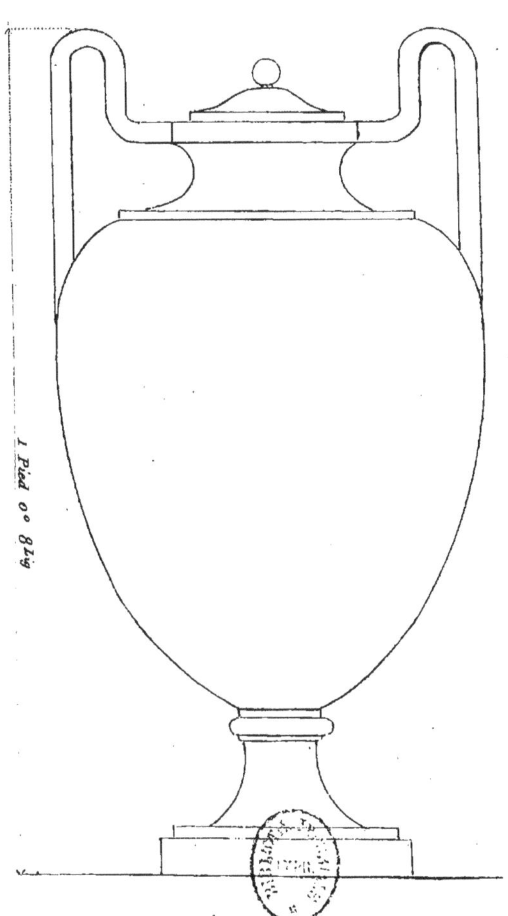

Deux Vases de Porphire.

Imp. Houiste, rue Mignon, 5. Paris.

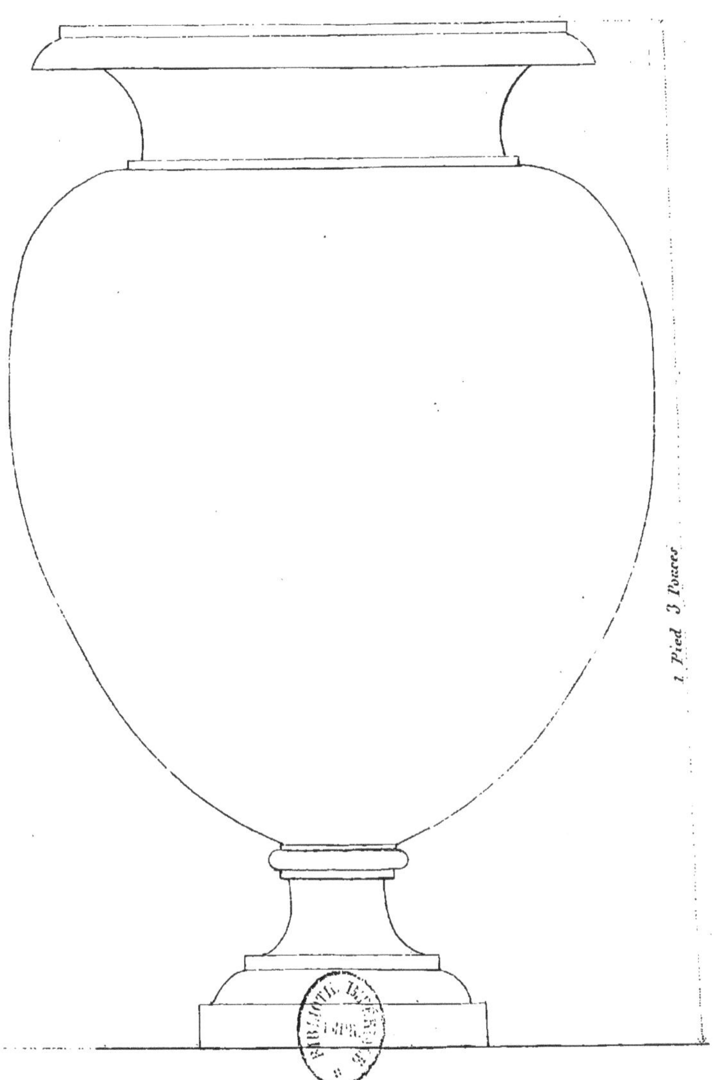

1. Pied 3 Pouces

Vase de Porphire verd.

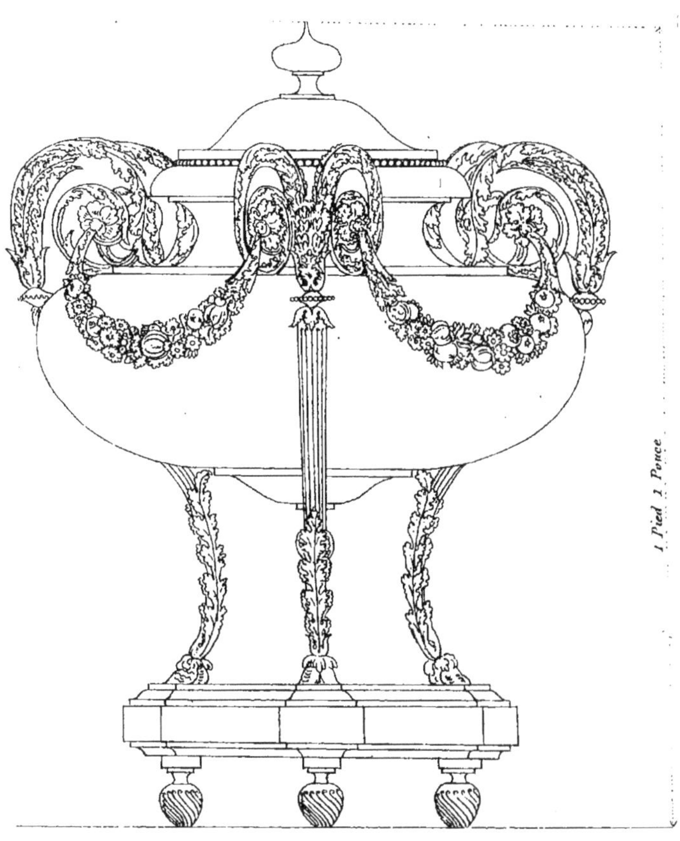

Deux Cassolettes de Porphire vert avec
les Ornements de Bronze doré d'or mat.

Deux Colonnes de Verd antique: les Tigettes des Chapiteaux
et les Bases sont en Bronze doré dor mat.

Imp. Rouiste, rue Mignon, 5, Paris.

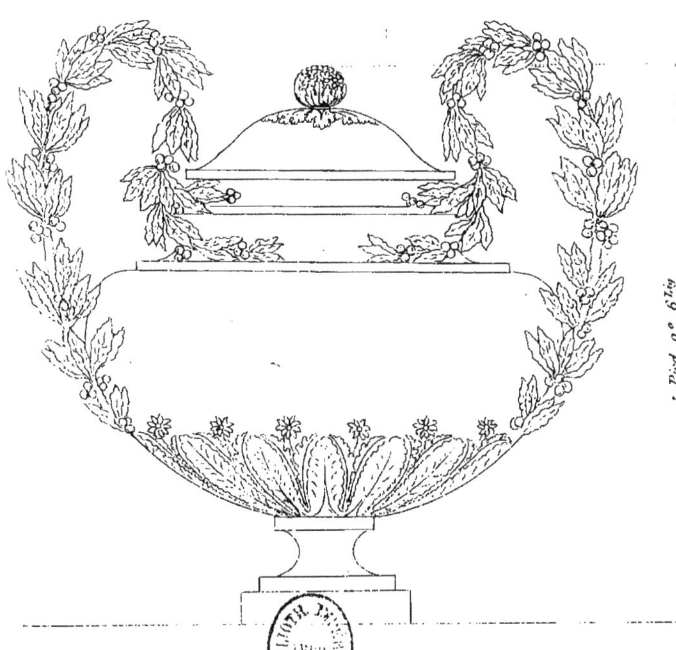

Deux Vases d'Albâtre oriental avec les
Ornements de Bronze doré d'or mat.

Imp. Monrocq rue Mignon, à Paris.

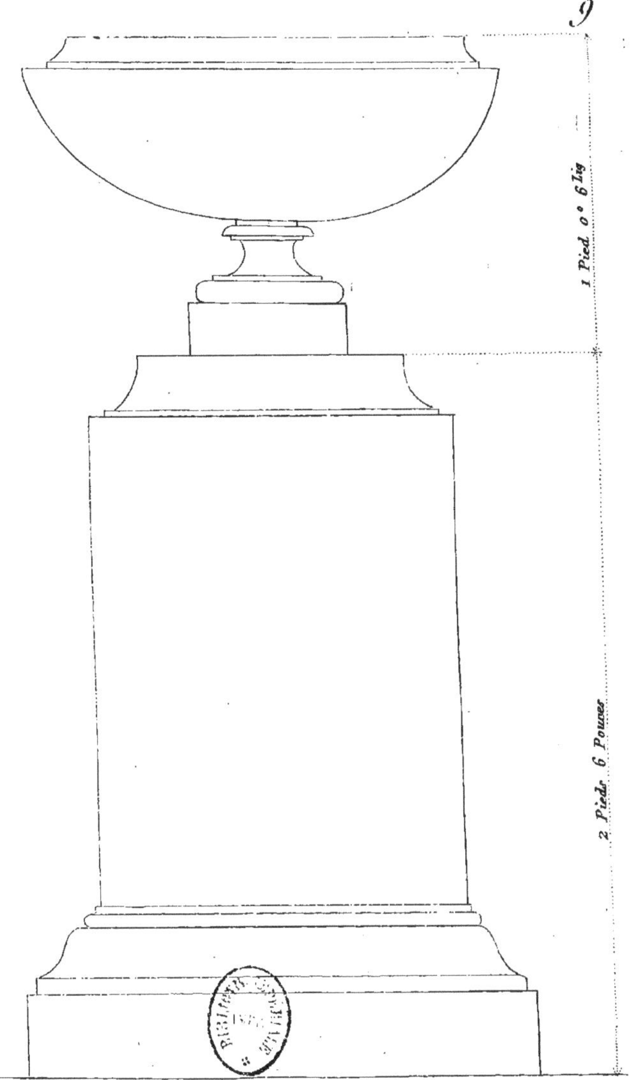

Coupe de Serpentin antique avec un Piédestal de Porphire dont la Base
est de Granite rouge égyptien.

Imp. Fleuriste, rue Mignon, 6, Paris.

Vase de Serpentin antique.

Fut de Colonne de Marbre fleur de pêcher
antique, avec la Base de Granite rouge égyptien.

Vase de Serpentin antique avec les

Ornements de Bronze doré d'or mat.

Imp. Houiste, rue Mignon, 5, Paris

Vase de Serpentin antique avec les Têtes

et Ornements de Bronze doré d'or mat.

Imp. Houiste, rue Mignon, 3, Paris.

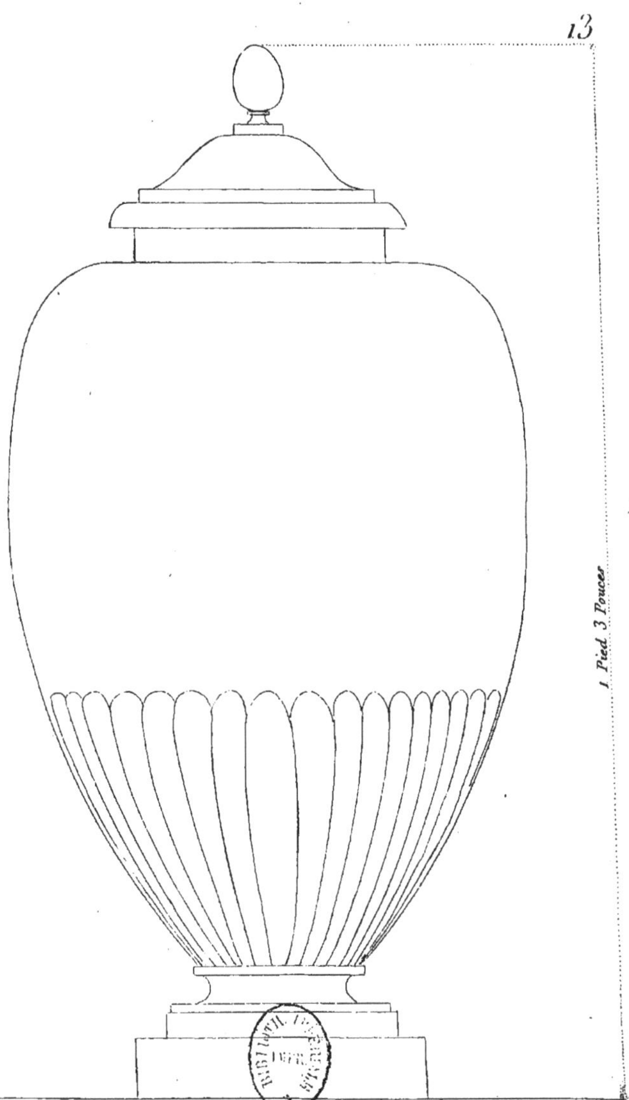

Vase de Serpentin noir antique.

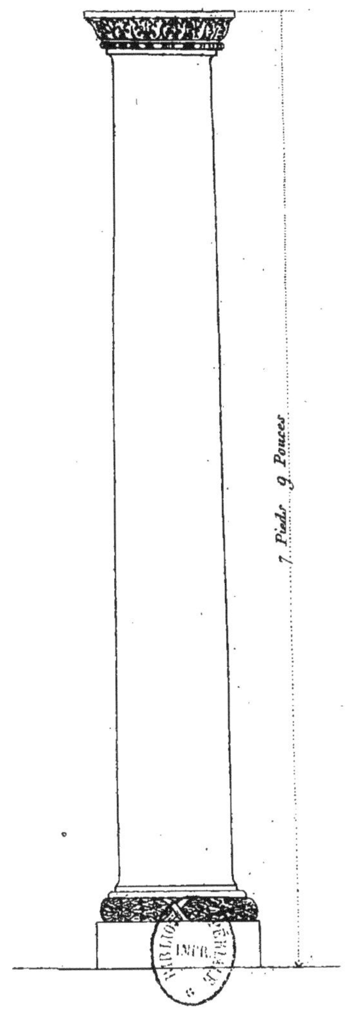

Colonne de Marbre afriquain antique: le Chapiteau et la
Base sont en bronze doré d'or mat, et le Socle en Porphire.

Imp. Rouiste, rue Mignon, 5, Paris.

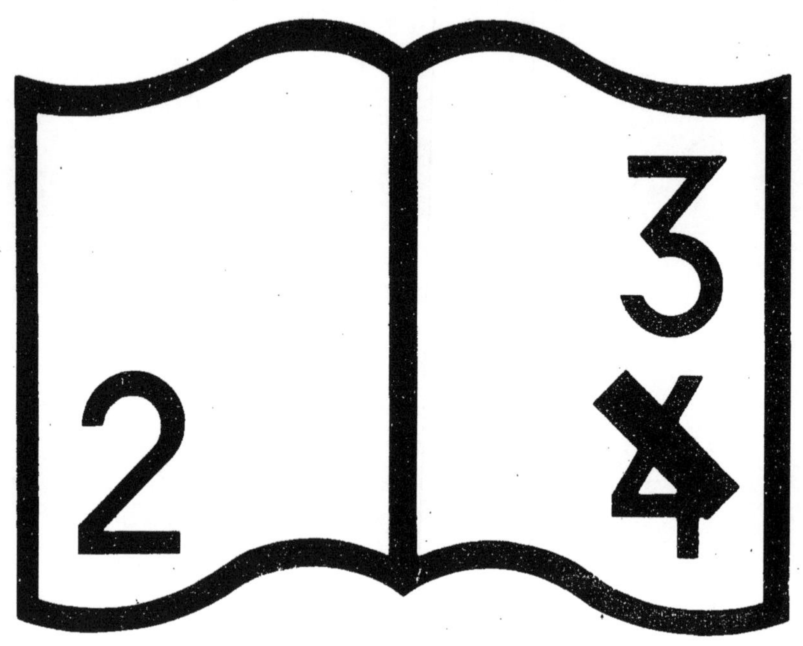

Pagination incorrecte — date incorrecte

NF Z 43-120-12

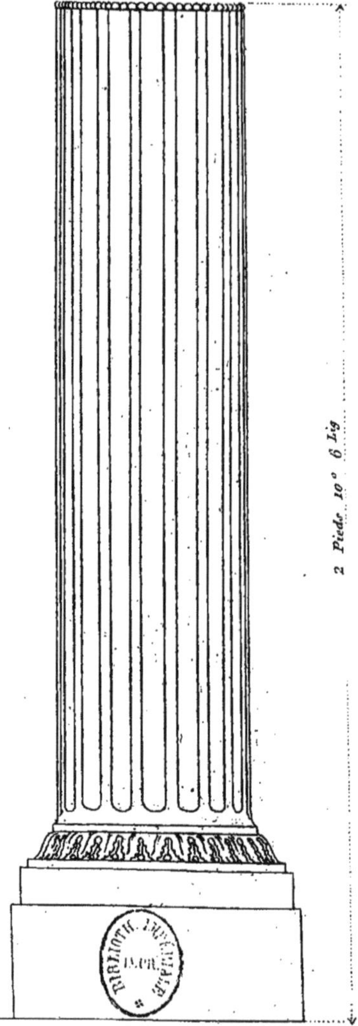

Deux Futs de Colonne de Granite gris oriental: la Base est de
Bronze doré d'or mat.

Imp. Houiste, rue Mignon, 5, Paris.

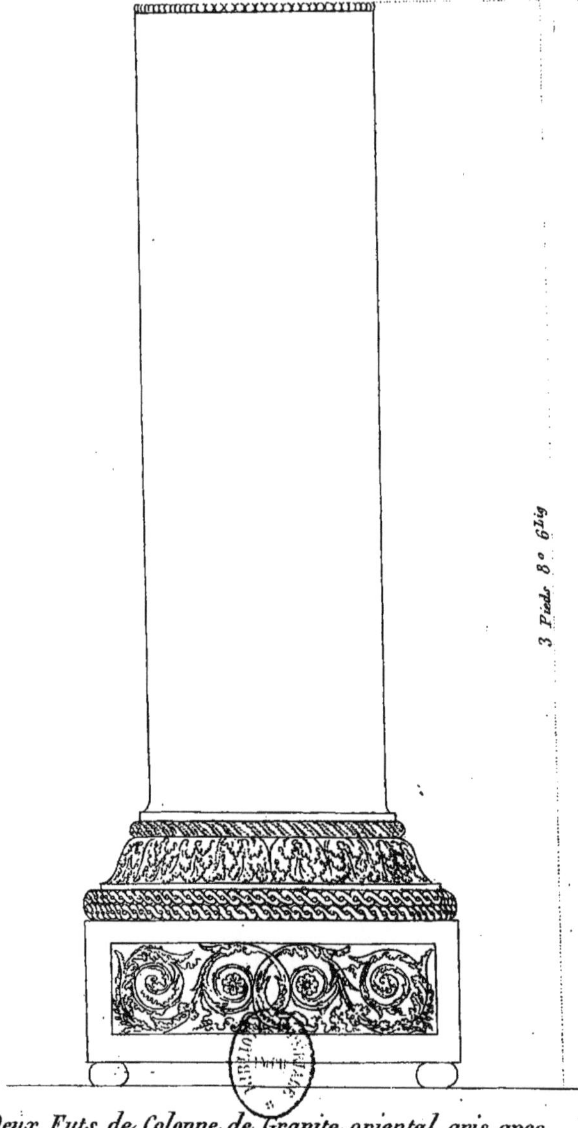

Deux Futs de Colonne de Granite oriental gris avec
les Ornements de Bronze doré d'or mat.

Imp. Houiste, rue Mignon, 5, Paris.

Vase de Jaune antique.

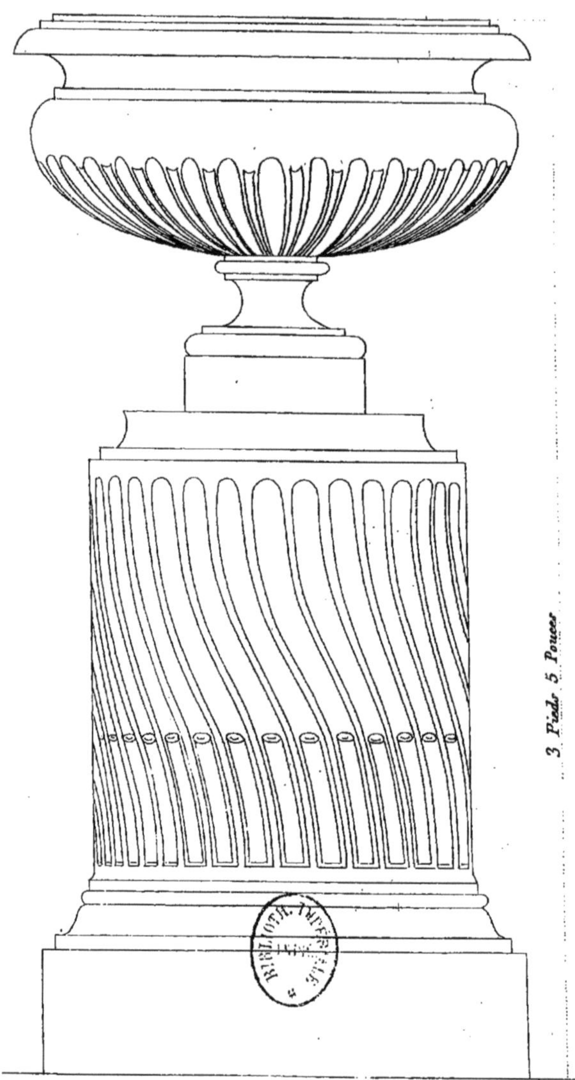

Coupe et Piédestal de Jaune antique.

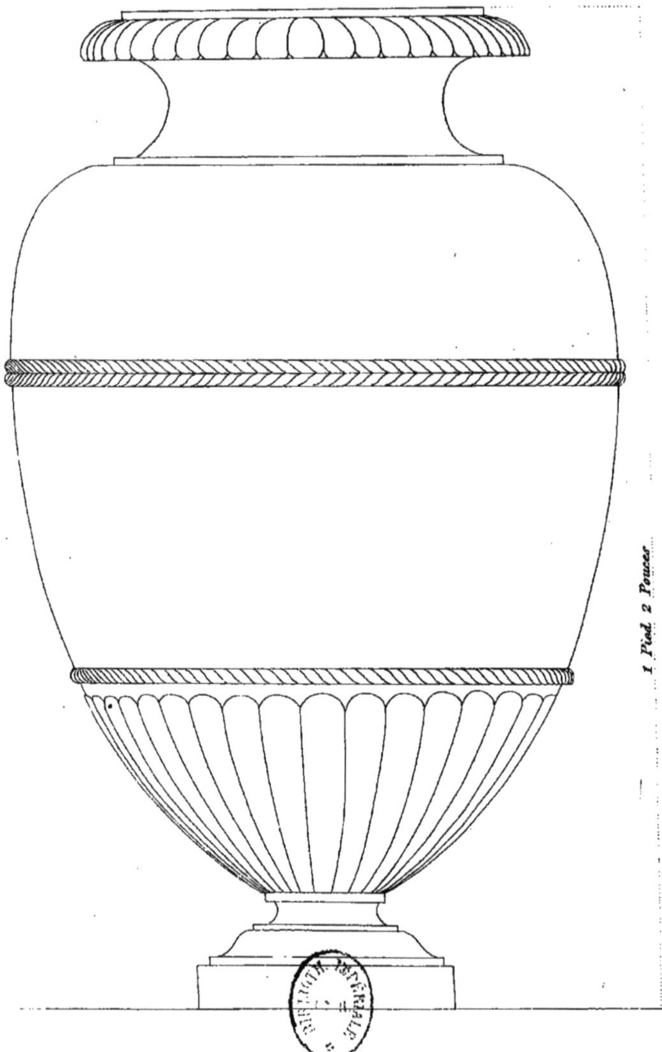

Vase de Jaune antique.

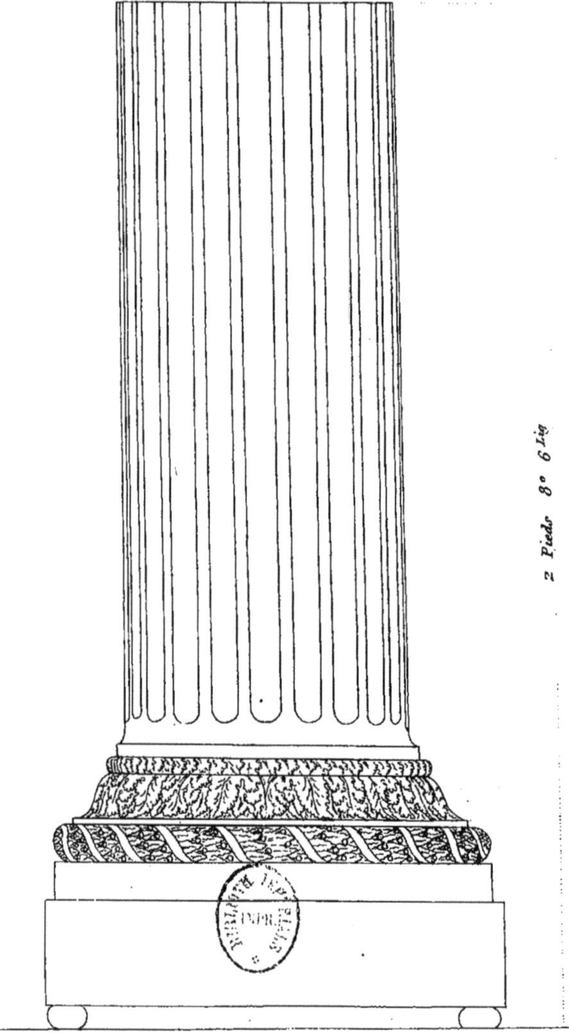

*Deux Futs de Colonne de Marbre bleu grec avec les
Ornements de Bronze doré d'or mat.*

Imp. Houiste, rue Mignon, 5, Paris.

Deux Futs de Colonne de vert d'égipte avec
la Base de Bronze doré.

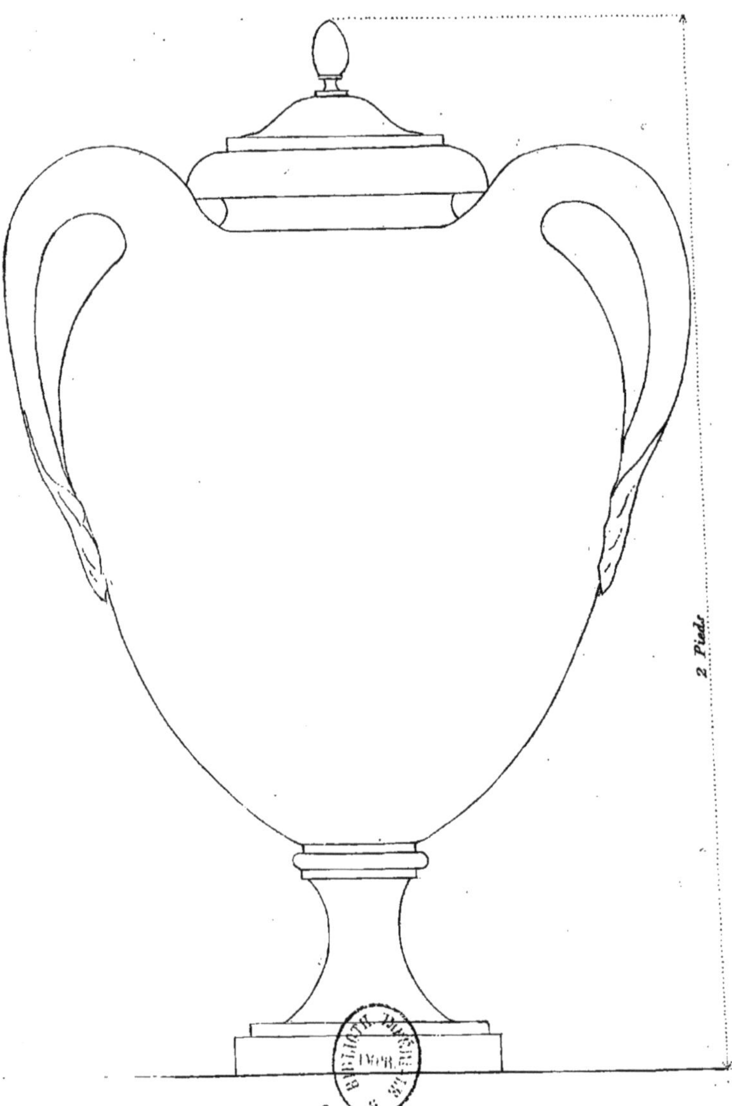

Vase de Jaspe rouge.

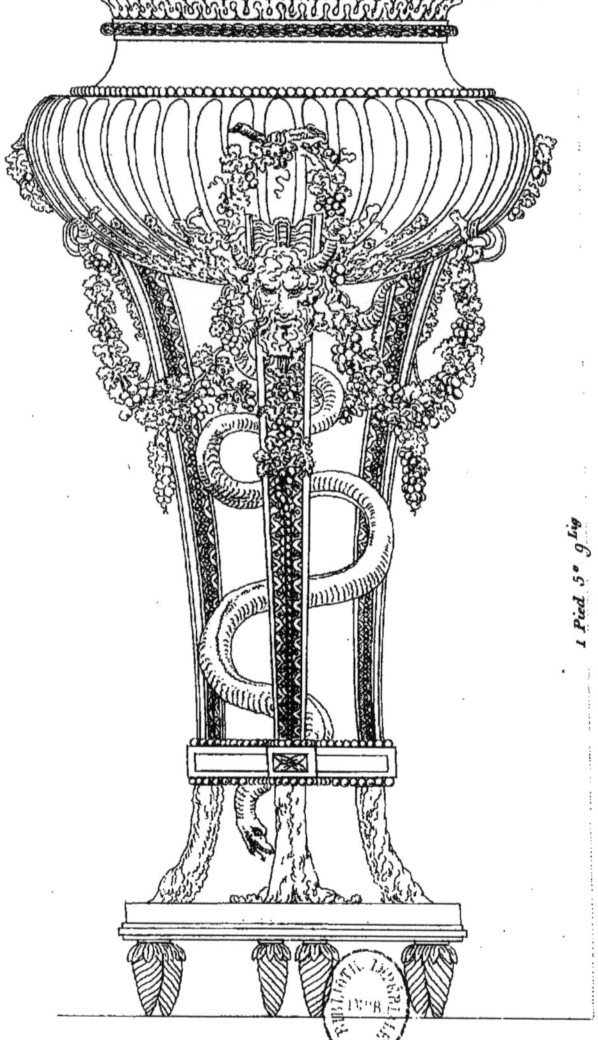

Trépied de Bronze doré d'or mat: la Coupe et le
Socle sont de Jaspe fleuri rouge.

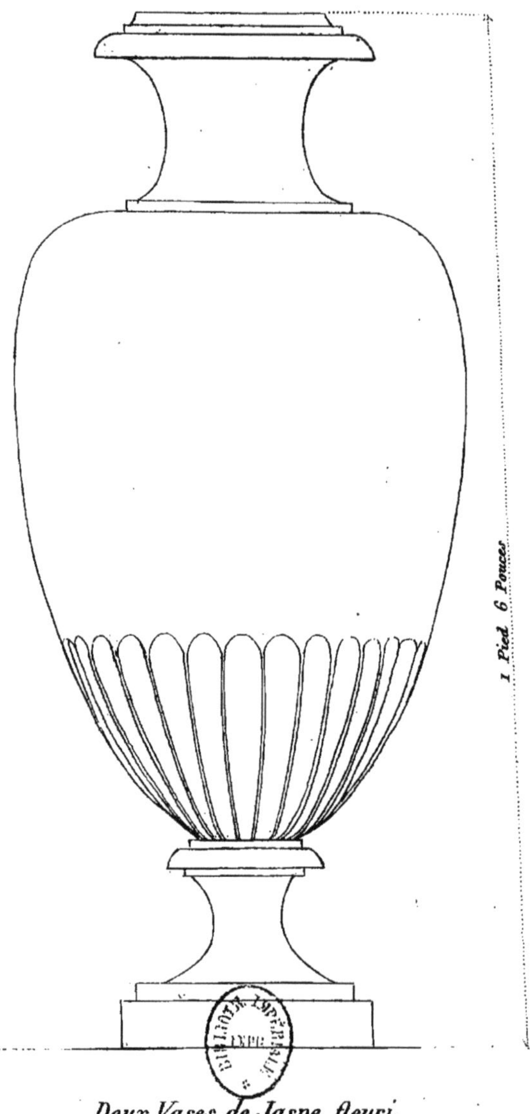

Deux Vases de Jaspe fleuri.

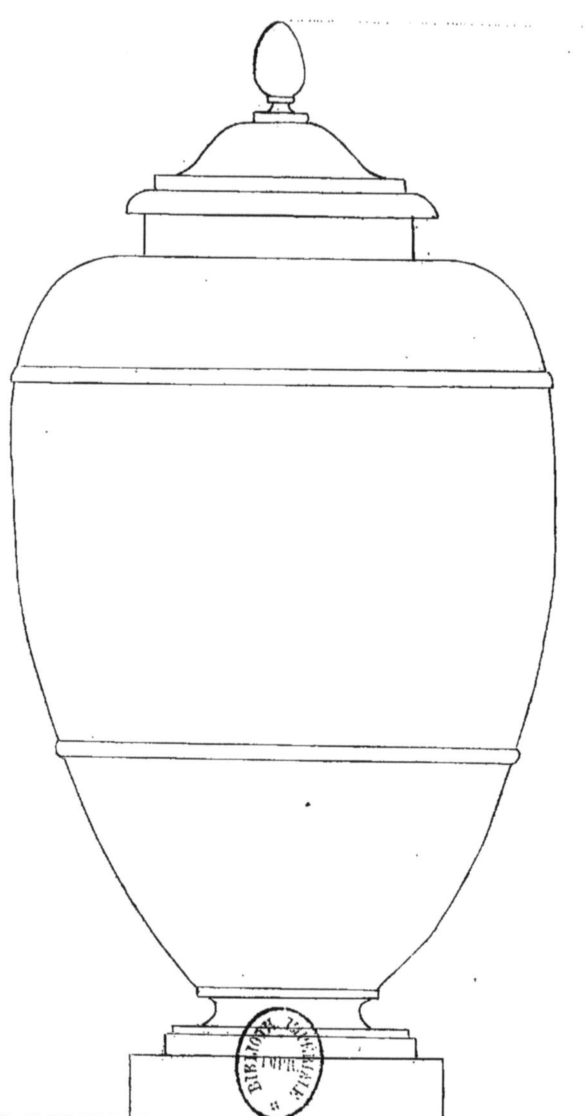

Vase de Jaspe vert.

Table de Porphire

La Planche suivante en donne de plus grands détails.

318

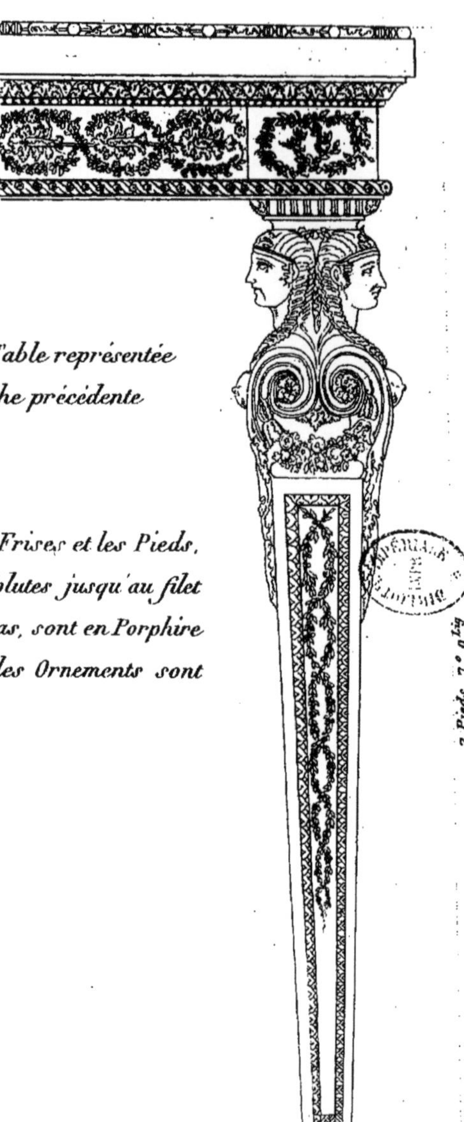

Détail de la Table représentée
sur la planche précédente

La Table, les Frises et les Pieds,
depuis les Volutes jusqu'au filet
qui est au bas, sont en Porphire
rouge: tous les Ornements sont
en Bronze.

Détail d'une autre Table dont
les dimensions et la forme
sont de même qu'à la précédente.

La Table, les Frises et les Gaines
qui forment les Pieds sont en
Jaspe vert: tous les Ornements
sont en Bronze.

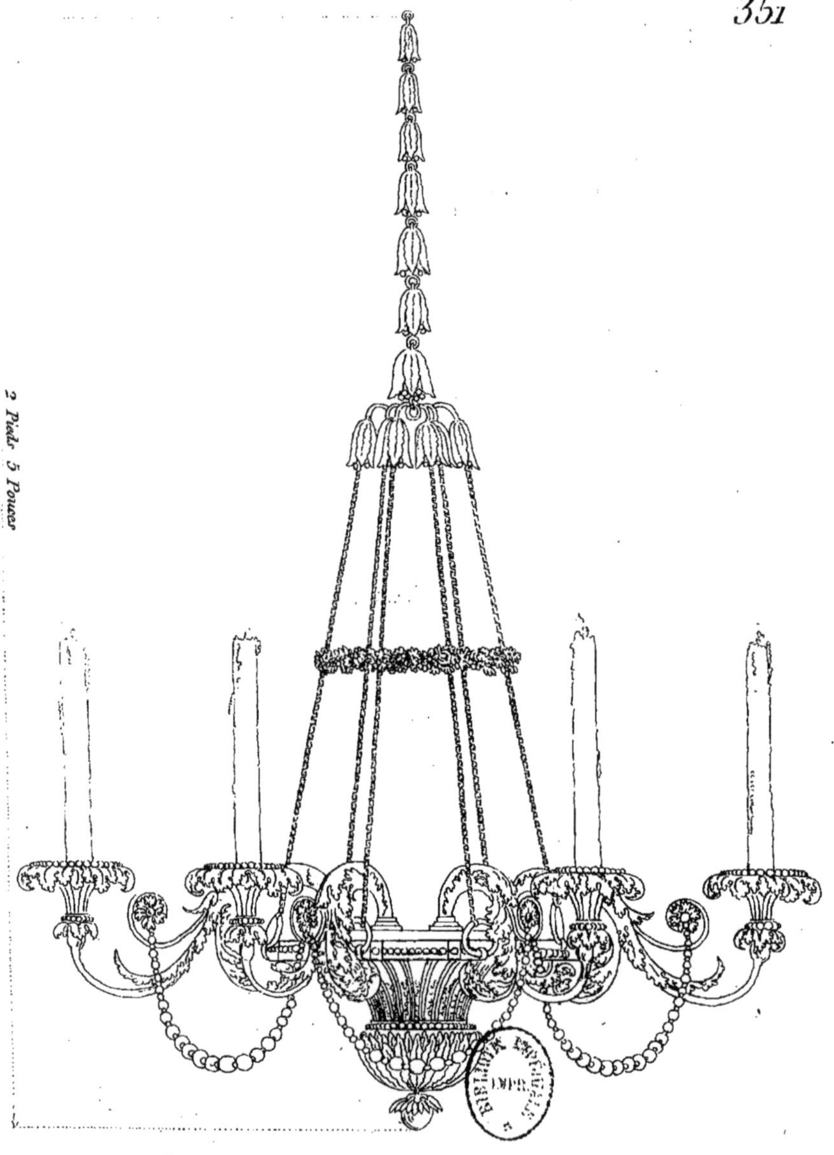

Lustre de Bronze doré d'or mat: le Fond de la Coupe est bleu,
et les Perles réelles.

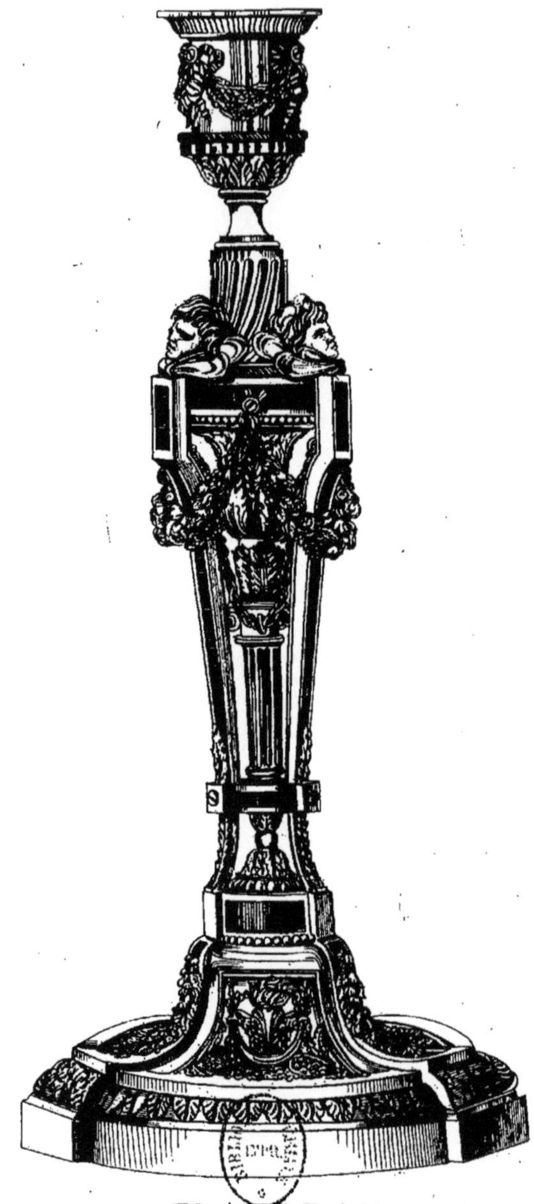

FLAMBEAU
de bronze doré d'or mat
ayant appartenu à MARIE ANTOINETTE,
signé **MARTINCOURT**
Collection de Mr Léopold Double.

Imp. Heuiste rue Mignon. 5. Paris.

BRAS A TROIS BRANCHES
de bronze doré d'or mat
par GOUTHIÈRE
Collection de Mr Léopold Double.

www.ingramcontent.com/pod-product-compliance
Ingram Content Group UK Ltd.
Pitfield, Milton Keynes, MK11 3LW, UK
UKHW021013140726
13695UKWH00001B/226